如何说孩子才会听 怎么听孩子才会说

刘慧滢 / 编著

吉林文史出版社
JILIN WENSHI CHUBANSHE

图书在版编目（CIP）数据

如何说孩子才会听　怎么听孩子才会说 / 刘慧滢编著 . -- 长春 : 吉林文史出版社，2023.5
ISBN 978-7-5472-9165-8

Ⅰ . ①如… Ⅱ . ①刘… Ⅲ . ①家庭教育 Ⅳ . ① G78

中国版本图书馆 CIP 数据核字 (2022) 第 196889 号

如何说孩子才会听　怎么听孩子才会说
RUHE SHUO HAIZI CAI HUI TING ZENME TING HAIZI CAI HUI SHUO

编　　著　刘慧滢
出 版 人　张　强
责任编辑　宋昀浠
封面设计　郑金霞
出版发行　吉林文史出版社
地　　址　长春市净月区福祉大路 5788 号出版大厦
印　　刷　天津海德伟业印务有限公司
开　　本　640mm × 910mm　　1/16
印　　张　12
字　　数　148 千
版　　次　2023 年 5 月第 1 版
印　　次　2023 年 5 月第 1 次印刷
书　　号　ISBN 978-7-5472-9165-8
定　　价　69.00 元

前言 PREFACE

每一位父母，都想给孩子最好的教育，都期望孩子成龙成凤。但家庭教育不仅需要爱，更需要方法。为人父母的你，是否常常觉得和孩子有距离感，是否常为孩子的不听话、不懂事、太费心而苦恼，甚至为孩子的教育问题而吵得四邻不安、鸡飞狗跳……

其实，类似的问题是所有家庭或多或少都会存在的，很多问题的出现都是正常的，甚至是无法避免的。问题在于，当家庭教育出现类似问题时，不少父母大都把批评的矛头指向孩子，很少会换位思考，更谈不上有效的交流与沟通了。

没有教育不好的孩子，只有不会教育的父母。成功的家庭教育，首先源于良好的亲子沟通；而失败的家庭教育，一定是沟通出了问题。所以，为人父母者需要学习必要的沟通技巧。

再说具体点儿讲，就是既要善于说，又要善于听。父母善于说，才能够用恰当的语言搭建起与孩子沟通的桥梁，才能够把话说到孩子的心坎上。父母善于听，才能够捕捉到亲子教育中的有效信息，听出孩子的心声，找准教育的切入点。二者相辅相成，共同作用，才能及时消除孩子与家长的隔阂，帮孩子营造一片晴朗的天空。

那么，如何说才称得上善于说？如何听才称得上善于听？本书便围绕“如何说”“怎么听”这两个主题，综合古今中外教育专家的建议，阐述完美亲子关系的本质、规律和关键点，并列举生活中大量的实例，进行客观的探讨，提供可行的思路和操作性的建议，以帮助家长朋友们切实掌握教育技巧并灵活运用，随时应付各种情况。

本书也列举了不少反面案例，希望家长们能以此为鉴。如果您也是一位正在为教育孩子不得法而焦虑的家长，那么就换种方式教育你的孩子吧！只要你能俯下身子进入孩子的世界，愿意把孩子当知心朋友，能站在他们的角度思考问题，再加上必要的技巧，那么你的一句话就会照亮孩子的一生，你的一个拥抱就会化解孩子心中郁积的风暴雷鸣。

说得再多，也难免挂一漏万；方法再好，也需要实践去检验。更多的东西，还需要读者朋友们在育儿实践中去体悟、去总结，相信每一位读者都会有所得，有所收获。

目录

CONTENTS

第一章

你是独裁型家长吗？

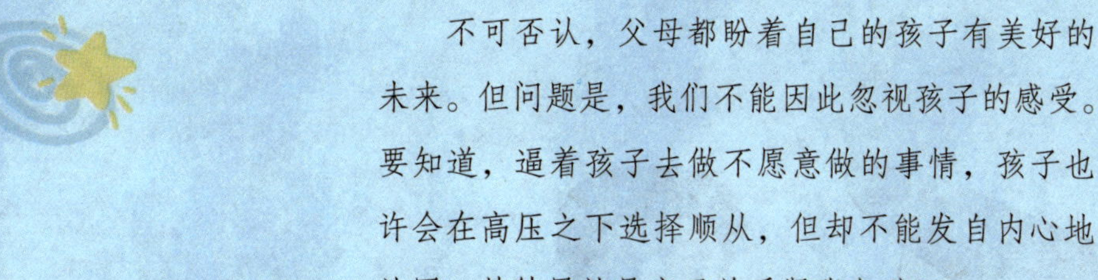

不可否认，父母都盼着自己的孩子有美好的未来。但问题是，我们不能因此忽视孩子的感受。要知道，逼着孩子去做不愿意做的事情，孩子也许会在高压之下选择顺从，但却不能发自内心地认同，其结果就是亲子关系紧张与疏远。

家长越独裁，孩子越任性

著名钢琴家郎朗写过一本自传《千里之行：我的故事》，他在书中回忆自己的童年时这样写道："爸爸以为我贪玩，没有准时学钢琴，歇斯底里地吼叫：'我为了你放弃我的工作，放弃我的生活！你还不练琴，你真是没理由再活下去了，只有死才能解决问题……'"说完这些话，爸爸真的拿出一个药瓶，让郎朗把里面的药片全部吞下去！虽说药片是假的，是维生素，但回想起过往种种，郎朗仍心有余悸。

面对来访者，郎朗当着父亲的面说道：“每年的年三十，我也必须练完8小时琴再吃年夜饭，菜都凉了……小时候，父亲对我太激进了，其实那是对小孩的一种摧残。”

后来，郎爸爸看到了郎朗书中所写，却似乎“想不起”那些事了。用他的话说：“我也是该严的时候严，该松的时候松。我也曾经骑着摩托车带他去抓过蜻蜓啊！”

“就两次！”郎朗马上说明。

一脸窘迫的郎爸爸承认：“当然，我也有把变形金刚踹了的时候！”

最后，郎朗对爸爸总结道：“独裁！”

说起来，“独裁型家长”并不是一个新词。有人想，这有什么不好？郎朗，不是已经名满天下了吗？笔者在此告诫父母们，千万不要把个案当成普遍规律，父母“独裁”，孩子未必成功，但肯定会给亲子关系造成伤害。

如今，大多数家长在教育孩子的时候总是以成人的眼光去要求孩子——什么事情该做、什么事情不该做，都是家长说了算，完全忽略了孩子的感受，而且抗议无效。因为大多数家长都存有一个念头，那就是——我这样做是为了你好！不可否认，父母都盼着自己的孩子有美好的未来。但问题是，我们不能因此忽视孩子的感受。要知道，逼着孩子去做不愿意做的事情，孩子也许会在高压之下选择顺从，但却不能发自内心地认同，其结果就是亲子关系紧张与疏远。

曾经有一个女孩子，学习成绩优异，其他方面的表现也不错，就是不愿意和父母说话。是什么原因阻碍了亲子交流呢？在心理医生的逐步引导下，女孩子大哭着说出了自己的内心想法：

小学时，我成绩优异，一直担任班干部；初中时，征文屡屡得奖，然后我考上了最好的高中；接着考上了不错的大学，年年拿奖学金……我妈说，我让爸爸很有面子，但我知道，这些不过是他的面子而已。

我从小被要求出类拔萃，做这做那，一直到现在。我不忍心让父母失望，也从没让他们失望过。但是在这个过程中是他不断地要求我，而不是一个爸爸对女儿的爱……

女孩的爸爸一定不爱她吗？未必。只是他的教育方式太生硬，让孩子从感情上难以接受。生活中有很多家长，都习惯于这种独裁式教育。或要求孩子做这做那，却从来没有问过孩子的感受；或为孩子做这做那，却没有问过孩子是否喜欢这样的安排。的确，爱之深、责之切，但在孩子看来，这不过是独裁和霸道，甚至会被看作投入与产出的关系。而这样做的最终结果，很可能是你对孩子再好，为他们付出再多，他们也不会从内心深处感激你，相反，还会对你怨声载道。

孩子为什么对父母不耐烦？

著名教育家魏书生说过："走入孩子的心灵世界中去，你会发现那是一个广阔而又迷人的新天地，许多百思不得其解的教育难题都会在那里找到答案。"可是，在现实中，很多家长都遇到过这样的难堪：别说是走进孩子的内心，就是走近孩子的身边，他都会表现出十二分的不耐烦。

很多家长都有这样的困惑：孩子和同学、朋友甚至网友都能侃侃而谈，聊得津津有味，唯独对自己惜字如金，一天不超过三句话，三句话还是“嗯”“好”“知道啦”。一旦问得稍微多一些，孩子的话就会横着出来，把父母顶撞得哑口无言。

很多家长都有这样的感慨：不知道孩子在想些什么，也无法知道。孩子明明近在眼前，却仿佛远在天边，不可捉摸。家长迫切地想要把自己的担心和忧虑告诉孩子，也希望孩子把自己的内心所想及时反馈。可是，家长越是耳提面命、谆谆教导，孩子表现得越叛逆，甚至在内心垒起一堵高高的墙，根本不想让你走进他的世界。

有一次，一位女老师问班上的一名女学生：“你和父母的关系融洽吗？”女学生刚开始含糊地应付说“还行”，后来很无奈地说：“老师，我现在和父母的沟通越来越少，每天回到家之后，我会把自己关在房间里，除了吃饭，都不怎么和父母说话。”

“这是为什么呢？”在女老师的追问下，女同学道出了实情：“和他们说话，总像是在接受命令。他们不想了解我的心思，我也就不想和他们说了。”

看到这里，很多父母会深感诧异。因为他们都认为自己做得很到位——衣食住行就不说了，我们天天跟孩子说，你要好好学习，将来一定要有出息，千万别走某某的老路……这不就是你们所说的“沟通”吗？难道这不是“沟通”吗？

还有家长认为：我整天跟孩子在一起，我陪着他写作业，我为他整理书包，被子都给他叠，难道这不是交流吗？

这恰恰是问题的关键所在，那些对科学育儿知之甚少的父母，会习惯性地将自己的“教训”“命令”“责骂”等归于沟通。事实上，这根本算不上沟通。沟通是双向、互动的，而父母们习惯用单向的、带有指令的方式，给孩子下命令。

这导致了一个无法调解的对立：孩子总认为爸爸妈妈不了解自己，而家长却总是抱怨孩子不对自己说心里话。纵然家长苦口婆心，一片热忱，孩子依然会感到困惑与无力、痛苦且焦灼。

沟通出现了断裂，教育自然难以为继。那么，孩子为什么不愿意和父母交流呢？很显然，一切都需要追溯到父母的教育理念和沟通方式上。

第一，这源自父母不能放手让孩子自己成长。很多家长喜欢事无巨细地替孩子考虑，很少在乎孩子的情绪，用强势来压制孩子。如此一来，孩子就会觉得父母不理解他，只为自己考虑，从而不愿对父母敞开心扉。

第二，缺乏教育针对性。很多父母都喜欢用大众化的教育方式来教育孩子，喜欢盲目跟风，从来没有深入了解过自己的孩子，使孩子沦为各种花式育儿的试验品，无所适从。事实上，适宜的才是最好的，那些不相匹配的教育方式，只会让孩子不堪重负，感到疲惫和压抑。

第三，父母喜欢想当然，自以为是。很多父母在与孩子交流的时候，总是想当然，表面看上去是与孩子平等交流，实际上却习惯于将自己的想法灌输给孩子，期望孩子听话。孩子不听话，那就是“不争气”。如此一来，孩子自然不愿意再和父母沟通。

第四，沟通方式有问题。妈妈的唠叨、爸爸的训斥，都是孩子极为反感的，可是大多数父母除了这两种方式就没有其他的沟通方式，很难让孩子打开心扉。

怎样才能抓住孩子的心？

欣欣是一个农村女孩，她的爸爸妈妈长年在外地打工，由于工作忙碌，又居无定所，只能把欣欣留在老家，由欣欣的爷爷奶奶来照看。当时想的是，这样做，一方面省得孩子跟着大人漂泊，另一方面也能给孩子提供一个好的成长环境。再说，平时爷爷奶奶在家照料好欣欣的饮食起居，爸爸妈妈再隔三岔五地打个电话，欣欣也差不到哪里去。

这样的安排看上去不错，事实却并非如此。比如父母每次都希望能跟欣欣在视频里多聊聊，但每次都事与愿违：

“欣欣呀，最近在家乖不乖？有没有听爷爷奶奶的话？没让他们生气吧？”

“嗯。”

“最近学习怎么样呢？有没有考试啊？分数上去了吗？”

“还那样。”

“你们班主任老师有没有批评你啊？”

“……爸爸，奶奶想跟你说话。”

欣欣跟爸爸说不了几句话，就不耐烦了，索性喊奶奶来，自己则跑到一边看电视去了。

可想而知，欣欣的爸爸当时一定很沮丧，他很想跟孩子多说些话，但孩子根本不想理他。为什么？很重要的一点，在于他虽渴望与孩子进行良好的沟通和交流，但重点是想了解孩子的近况，忽视了孩子的内心。这样的话，当然也就抓不到孩子的“心”。

相较成人，孩子在和父母交流的过程中，更加在意父母是否重视自己的内心感受。如果在交流的过程中感觉不合拍，觉得父母关注的问题都是浅层次的问题，当然就不愿意同父母说话了。

家长们应该了解，孩子在学习或者其他方面受到挫折后，会非常渴望从家人那里找寻安慰，缓解苦闷，加上孩子的好奇心很强，喜欢尝试新鲜事物。如果家长肯和子女多聊天，不但能帮他们疏解情绪，而且也能让他们从家人那里获得好奇心的满足，这十分有利于孩子的成长。

事实上，大多数父母都应该深刻地反省自己，虽然他们爱子女的心从来都没有改变，但是处理问题的方式确实都有待完善。比如当孩子在学校里受了委屈或者是学习上遇到困难向父母诉苦时，换来的往往是唠叨和批评。久而久之，孩子就不愿意同父母讲心里话了，他们宁愿跟朋友讲，甚至跟小猫小狗讲，也不跟父母讲。

家长遇到这种情况也不必过分焦虑，因为你的焦虑很可能会投射到孩子身上。当孩子出现沟通问题时，家长只需了解真相，并在此基础上，适当调整自己的教育方式即可。

“乖孩子”不等于好孩子

曾几何时，年轻的父母们都希望自己有一个“乖孩子”，也总是夸孩子“乖”，或者责怪孩子“不乖”。其实，“乖”与“不乖”，都只是一个笼统的概念。乖孩子听大人的话，人人喜欢，在众人眼中就是“好孩子”。但这样的“好孩子”在性格上有不足之处，即缺乏自主、独立的精神。

孩子毕竟还小，他们的价值观、是非观还未形成，而父母的话恰恰又能够在孩子的潜意识中造成一定影响，甚至影响他们的一生。因此，父母在培养孩子时要特别注意，不要只顾纠正孩子的行为，而忽略了对孩子价值观、是非观的引导。

有些场景，在生活中并不陌生。比如一个男孩子淘气、不听话，惹家长生气了，家长马上会说："你这么不听话，以后没有人会喜欢你！"家长希望孩子就此做个乖小孩，并自以为孩子会从此听话，却不知道这句话的危害所在。

确实，有些小孩子在听了父母所说的“大家都喜欢干净整洁的小孩”“听话的孩子人见人爱”“见到长辈主动问好，人家才会喜欢你”这类话后，态度会来一个 180° 大转弯，真的变得比从前听话了，不跟家长顶嘴了，见到客人知道主动问好了，也爱干净整洁了。你仔细想一想，这样的改变，真的值得高兴吗？

认真一推敲，就会发现这样的教育其实是有漏洞的。张口闭口就对孩子说“你要怎样怎样，大家才会都喜欢你”，很容易培养出一个迎合他人、没有自我，甚至看风使舵的家伙。

孩子在很小的时候，没有什么主见，他的人生观容易受到大人的影响。如果家长总是和孩子强调“你怎样做才能人见人爱”，那么孩子在潜意识中就会为了得到别人的夸奖而改变自己，他们会像个“小大人”一样世故、老练，懂得讨好别人，懂得按照世俗的价值观来行事，但并不明白好行为的真正意义。

如果任由孩子这样发展下去，孩子会变成什么样的人呢？他们会变得不再天真，不再无忧无虑，而是像个成人一样，脑袋里想的是怎样迎合世俗、迎合他人，从而变得世俗和功利。虽然，家长起初的愿望只是为了让他变得听话。

等孩子再长大些，这种曲意迎合可能会导致他的从众心理更加明显，以至于将市侩的观点当作正确的观点。那个时候，他可能会这样说话：“当老师有什么了不起，还不一样骑自行车上班？用功读书没用，赚钱才是硬道理。”

所以，孩子“乖”也好，“不乖”也罢，都需要以一种健康的心态来引导。比如送给别人礼物，要告诉孩子，这样做的目的是表示谢意和尊重，是基于彼此的认可与基本的交流，而并不是为了得到某些特别的照顾。再比如，对孩子和同学的交往也要正确看待，不要用世俗的眼光和金钱去衡量。

孩子乖一点儿没什么不好，但不要把“乖”等同于“事事顺从”。

大家不妨去看看，那些从小就接受“听话教育”的孩子，是不是经常带着一脸委屈怯生生地站在人生舞台的边缘？是不是怎么鼓励，他们也难以站在人生舞台中央闪耀发光？他们是不是缺少创造力，同时执行力也不够？这不怪他们，自从他们被塑造成绝对的“乖”孩子时，一个个毫无主见，只按陈旧的世俗观念行事的人就已经诞生了。

第二章

倾听孩子的内心世界

在现实生活中，遇到孩子不听话，大多数父母只会大摇其头，大吐苦水：孩子内心究竟是怎么想的？他怎么什么都不肯告诉我？然后抱怨孩子不懂事。孩子或许真的不懂事，而父母呢，显然也不懂得科学育儿的那些事。想打开孩子的心门，探究他的内心世界，父母必须放下姿态，温和地倾听孩子的内心。

倾听比表达更重要

"知心姐姐"卢勤在她的《好父母，好孩子》一书中，讲过这样一个亲身经历的故事：

每次孩子回家，总是兴致勃勃地给我讲幼儿园里的事，不管我爱听不爱听。儿子需要一个忠实的听众，而妈妈是最合适的人选。

遗憾的是，开始我没有意识到孩子的这个需求，总觉得听孩子说话，浪费了我写稿子或思考的时间。所以，每次孩子和我讲话，我总是做出很忙的样子，眼睛左顾右盼，手里还不停地翻动着书报。

没想到，我的忙碌给孩子的语言带来了障碍。由于他是个思维很快的孩子，为了在有限的时间里把话说完，就讲得很快，慢慢地，讲话就变得结结巴巴。

这引起了我的注意，我也开始改变自己，尽量抽出空来，倾听孩子讲话。

也就是说，父母能否耐心倾听孩子讲话，对孩子语言能力的发展有重要影响。相关科学研究也证明了，倾听比表达更重要。除此之外，对于那些不听话的孩子，父母也只有耐下心来，倾听他们说话，才有可能真正地了解其不听话背后真实的想法，进而引导他们，解决问题。

在现实生活中，遇到孩子不听话，大多数父母只会大摇其头，大吐苦水：孩子内心究竟是怎么想的？他怎么什么都不肯告诉我？然后抱怨孩子不懂事。孩子或许真的不懂事，而父母呢，显然也不懂得科学育儿的那些事。

想打开孩子的心门，探究他的内心世界，父母必须放下姿态，温和地倾听孩子的心声。且看下面的例子：

辰辰今年9岁，是一名小学三年级的学生，上课喜欢调皮捣蛋。对此，老师很头疼，父母更头疼，而且怎么教导都没有明显成效，辰辰依旧我行我素。

有一天，辰辰的妈妈在收拾辰辰的书桌时，无意中发现了一张夹在书里的纸条，字迹明显是辰辰的。纸条上写着：爸爸妈妈从来都不听我说话，不了解我心里想什么，不关心我。那一刻，学过点儿儿童心理学的辰辰妈意识到，孩子调皮捣蛋，可能只是想引起老师的注意和父母的关心。

于是，等辰辰放学后，妈妈找他谈了一次话。

“辰辰，来跟妈妈聊会儿天，好吗？”

“你又要训斥我了吗？”

“不是，这次，你说，我听。”

“真的？”

“真的。”

“可是，说什么呢？”

“那就说说你为什么在学校调皮捣蛋的事吧，还有——为什么会这么做？”

辰辰见妈妈很认真，也很认真地对妈妈说起了自己在学校里如何调皮捣蛋，还有为什么要如此做的原因。跟妈妈猜想的一样，辰辰是不甘寂寞，急于引起老师的注意。

最后，妈妈笑着问辰辰：“如果我们以后都能认真地听你说话、关心你，你是不是就不再调皮捣蛋了？”

辰辰点了点头。

这个例子再次告诉我们，每个不听话的孩子心里都有一个声音，只有愿意倾听的父母，才能够听见。没有人喜欢跟一个高高在上的人讲自己的心事，孩子更是如此。

尊重孩子的话语权

晓梅是个小学生，今年已经上四年级了。她原本是个活泼开朗的孩子，不过现在总爱一个人发呆。为什么会这样呢？晓梅的老师经过几次家访，才了解到晓梅性格转变的原因。

原来，以前晓梅有个习惯，那就是每天放学回家之后，都会兴高采烈地把学校里发生的趣事说给爸爸妈妈听。一开始，父母还有些兴趣听她诉说。后来听得多了，就觉得无趣了。另外，晓梅一天天长大了，学习变得越发重要，所以爸爸妈妈逐渐只关心她的学习，对她说的那些话毫无兴趣，甚至觉得那些话一点儿用都没有，说那些事简直就是在浪费时间，会不由自主地阻止晓梅继续说下去。刚开始的时候，爸爸妈妈还比较温柔，说："好了，不要说了，去看书吧，乖！"晓梅虽说不理解，但也只好悻悻地回到自己房中。

有一次，晓梅又忍不住说起了班级里发生的事情，正说得兴高采烈时，性格本来就有些粗暴的爸爸突然打断她，说："跟你说过多少次了，让你别那么多废话，你还说，有完没完啊！写作业去！"晓梅被吓到了，没说完的话也不敢说了，一个人心惊胆战地回到自己的屋子，作业也没心思写。

后来，晓梅在家里的话越来越少，性格越来越沉闷，成绩也受到影响。

晓梅这样的情况并不少见，很多家长都不太尊重孩子的话语权和表达权，通常都是应付几句，敷衍了事。赶上心情不好，还不免像晓梅的爸爸那样发一番无名火。这种做法是非常不妥当的，不加以改善，势必会影响亲子关系以及孩子的性格等。

更为重要的是，话语权得不到尊重的孩子，慢慢地就会知难而退，不再跟父母分享自己日常生活和学习，作为父母也就很难了解孩子心底真实的想法，这对孩子的教育也是非常不利的。下面的例子，揭示的就是这个问题：

赵小刚 9 岁了，上小学三年级。他天生安静内向，很少主动找父母说自己的心事。有一次，数学考试成绩不及格的赵小刚被老师当着全班同学的面批评。小刚很伤心，回到家，很想跟爸爸说说这件事。

“爸爸，我有事想跟你说。”赵小刚怯怯地说。

小刚的爸爸也没想想平日很少跟他说自己事情的儿子今天为什么这

么急着要同他说自己的事，就急忙说："学校里的事情吧？不是说了吗，不要每天回来就讲你们学校的事情。"

"可是，爸爸……"

"好了，小刚，爸爸很忙，给你赚钱呢，去写作业吧！"

小刚默默地回到自己的房间。想想白天发生的事情，他忽然很怕再上数学课。

此后，小刚一上数学课就担惊受怕，数学成绩也一落千丈。

试想一下，在那天放学后，如果小刚的爸爸没有以忙为借口不听赵小刚的倾诉，而是耐心倾听，积极引导，那么事情又会是怎样的呢？也许小刚的数学成绩还是那样平平无奇，不上不下，但是至少，小刚不会那么无助，那么恐惧数学。

事实证明，家长不尊重孩子的话语权，想打断就打断，一方面不利于孩子语言能力的发展，另一方面也容易让孩子产生自卑心理。下面总结了一些家长习惯性的不当行为，可以对照一下，你是否也有类似问题：

（1）家长从来都不注意响应孩子倾诉的需求，当孩子主动找父母说话的时候，父母总是以忙为理由不愿意去倾听。

（2）当孩子兴致勃勃、滔滔不绝地讲话时，家长总是习惯性地将其打断。

（3）父母能够在生活方面将孩子照料得很好，但在真正平等地对待孩子、维护孩子自尊方面做得不够。

（4）当孩子在学习和生活上有什么问题时，家长不愿意听他们的倾诉，更不愿意帮他们分析原因。家长有时根本不等孩子把话说完，轻则呵斥，重则打骂，孩子只好将心里的话咽回去。

人和人之间的沟通，无非就是倾听和诉说。想要孩子敞开心扉和自己对话，先从尊重孩子的话语权开始吧！

耐心听孩子把话说完

每个孩子都有自己的心声，但他们年纪小，表达能力有限，存在着诸多障碍，作为家长一定要耐心倾听，这样才能真正了解孩子的想法和感受。

通常情况下，父母都不会忙到连听完几句话的时间都没有，他们只是没耐心，至少是觉得他们正在做或者要去做的事情远比孩子的“小事情”更重要。但是，就算真的很忙，父母也要和孩子说明，并约定可以交流的时间，比如晚上或者周末。

交流过程中，如果家长在某一重要原则上表示不同意孩子的看法，不能粗暴打断，或者强令孩子放弃。要告诉孩子，自己并不是对他的所有观点都反对，而是只对其中的一些或某一个观点反对，并且有足够的理由。孩子如果反驳，不要马上叫停，应该等孩子说完他要说的话，再作评断。即使孩子说得不对，也要控制住火气，不妄下定论。

网上有这样一个颇具启发意义的小故事：

一位母亲问她5岁的儿子：“假如妈妈在和你一起出去玩时渴了，一时又找不到水，而你的小书包里恰好有两个苹果，你会怎么做呢？”

儿子小嘴一张，奶声奶气地说：“我会把每个苹果都咬一口。”

虽然儿子年纪尚小，不谙世事，但母亲对这样的回答，心里多少有点儿失落。她本想像别的父母一样，对孩子训斥一番，然后再教孩子该怎样做，可就在话即将出口的那一刻，她突然改变了主意。

母亲握住孩子的手，满脸笑容地问：“宝贝，能告诉妈妈你为什么要这样做吗？”

儿子眨眨眼睛，满脸童真地说：“因为……因为我想把最甜的一个留给妈妈！”

那一刻，母亲的心里欣慰极了，她在为儿子的懂事而自豪，也在为自己给了儿子把话说完的机会而庆幸。

再来看一个反面案例：

欣欣5岁了，是一个活泼可爱、讨人喜欢的小姑娘。欣欣每天从幼儿园回来总是叽叽喳喳地说个不停，妈妈也总是很愿意听欣欣说。母女俩有问有答，有说有听，不亦乐乎。

这个暑假，欣欣跟着妈妈去了乡下的姥姥家，在那里，她看到了很多令她兴奋的事情。刚回到家里，她就跑到爸爸的书房，她很想把这些事情都告诉爸爸。

“爸爸，我跟你说，我看见萤火虫了，一闪一闪的，很漂亮的。”欣欣一边说一边还挥动着手臂，做了一个飞翔的姿势。

“哦。”爸爸继续把头埋在自己的文件中。

“爸爸，我还看到了核桃树、苹果树、桃树，很多树，至少有100棵。”欣欣看爸爸连头也没有抬一下，兴致全无。

“哦。”爸爸还是继续看他的文件。

欣欣站在桌子旁边，看了爸爸好久，觉得自己好多余，最后泪眼汪汪地走了出来。

在孩子有问题要问时，家长要更有耐心。因为我们都知道，孩子对世界充满好奇，他们的脑子里也经常充满各种稀奇古怪的问题。我们不仅不应该忽略这一点，还应该有意识地鼓励孩子多问几个“为什么”。而大多数父母，在孩子问第一个问题的时候通常是很有耐心的，可如果孩子接二连三地提出问题，就会不耐烦了，继而粗暴地打断孩子，不让孩子再问下去。这种做法不仅极大地伤害了孩子的好奇心，也切切实实地伤害了他们幼小的心灵。

允许孩子有自己的想法

很多父母认为，培养孩子的独立性极其重要。没错。那么独立的第一步从哪里开始呢？那就是父母应该允许孩子有自己的观点和看法，并且鼓励孩子说出来。当孩子的观点和自己的想法有冲突时，还要尽量包容，鼓励孩子与自己争辩，讲清他的道理。

孩子与父母争辩，往往被家长视为“不乖”，或者“翅膀硬了”，其实不然。当一个人对很多事情开始有了自己的想法时，说明他开始了独立思考。一个孩子说出自己的想法的时候，往往也是他调动自己的思维能力和加深对周围事物理解的过程。一个孩子能与父母争辩，往往也意味着他自我意识的不断增强和心智日益成熟。

因此，千万不要阻止孩子说话，因为阻止他们说话相当于阻止他们思考，阻止他们成熟。

没有一个孩子的思想是在一夜之间成熟的，他们需要一个成长和提高的过程，在这个过程中，他们很渴望说出自己的想法，有时候也难免会和父母发生争论，这就要求父母调整好自己的心态，不要为了维护自己所谓的“权威”而冲昏头脑。下面故事中的爸爸，处理这类状况时的表现就不太妥当：

军军今年刚上初一，他是一个活泼好动的男孩，特别喜欢体育运动，尤其是踢足球。但是军军的爸爸不怎么支持孩子踢球，认为孩子踢球会耽误学习，所以时不时地敦促他好好学习。潜台词则是：别老想着踢球！

这天，军军和几个小伙伴去球场踢球，回家稍微有些晚了，他害怕挨骂，想和小伙伴们分开走，但刚走到路口，却看到爸爸已在等他。爸爸看到他的第一句话就是："成绩不怎么行，玩起来倒是很有劲，我看你将来怎么考大学？"

爸爸的话让军军很没面子，他争辩道："我今天的作业都完成了。我很久没有痛快踢球了，今天破例晚一点儿，你也不用这么生气吧！"

"今天破例，明天破例，以后就不用学习了。我生气还不是为你好，你还敢在外人面前跟我顶嘴，翅膀硬了是不是？都不知道你以后想怎样！"

“爸爸，你根本就不知道我在想什么！”

军军闷闷不乐地回到家，完全没有了先前的愉悦。

孩子有自己喜欢的娱乐活动，这本来是再正常不过的事情，但是很多家长却认为这是不务正业，每每不由分说地对孩子大加责备。就像故事中所展现的，明明军军已经向爸爸表示了自己也是以学业为重，在做好作业之后才去踢球的，而且已经很久没踢球了，但是父亲因为反感孩子踢球和“顶嘴”的行为，完全不顾及孩子内心的想法，就断定他是在动摇自己的家长权威，马上拼凑出几大“罪状”，又是当下，又是未来，总之孩子就是不对，因此引发了父子之间的矛盾。

想想看，即使军军做出了重大改变，从此不再踢球，但爸爸不知反省，亲子关系会有本质上的改善吗？

在亲子沟通中，最忌讳的事情就是拿家长的权威去压迫孩子。在这种情况下，孩子顺从与不顺从都不好。很多时候，孩子可能会迫于家长的权威，说一些违心话，甚至不惜撒谎，以赶紧渡过面前的难关。

18岁的杨志刚马上要考大学了，对于自己未来学什么专业，小伙子早有打算：他准备报考社会学，将来更好地服务社会。因此，当爸爸问他要考什么专业时，他不假思索，脱口而出“社会学”。

爸爸听了，半天才轻轻说了一句：“那个专业很不好就业，希望你慎重考虑一下金融学。”说完转身回到自己的房间。然后，房间里就传来爸爸和妈妈争吵的声音。

原来，妈妈支持孩子的决定，爸爸却强烈反对，希望儿子能去学就业前景比较好的金融学专业。刚开始，父母还只是偶尔争吵一下，后来争吵的次数越来越多。

有一次，志刚实在受不了了，就对爸爸妈妈说："好了，你们不要吵了，我想了一下，觉得金融也不错，就报金融学吧！"

爸爸听了欣慰不已。

殊不知，这只是他的一个谎言，他最终还是坚持自己的喜好，在填报志愿时填写了社会学。当爸爸得知真相后，已经无济于事了。这件事让爸爸生气了好久，他想不到儿子竟然敢欺骗他。但是，志愿已经报了，他也无可奈何。

这样的故事大家想必都不陌生。每年的高考季，我们都能看到、听到一些相关事例。父母对孩子有所期待并不为过，孩子有自己的想法与追求也合情合理，重要的是父母要有耐心，确保沟通通畅。只要沟通还通畅，父母与孩子之间就没有解决不了的矛盾。

别随意打断孩子说话

李闯的妈妈是一个爱唠叨的人，一看到孩子有什么表现不合她的意，就会说个不停。可是，她却很少停下来听听孩子的意见和想法，在孩子向她倾诉的时候，总喜欢打断孩子的话。

有一次，学校举办校运会，李闯参加了长跑项目，并且在这项比赛中跑出了全校第一的好成绩。晚上，李闯拿着奖状和奖品兴高采烈地回到家，看到妈妈在家，便忍不住想跟妈妈分享一下自己的喜悦。

"妈妈，我们学校今天举行了校运会，我参加了长跑项目。参加长跑项目的很多人都是高年级的，水平很高啊！”李闯说得津津有味。

此时妈妈正忙着打扫屋子，似乎没听清楚，就说了句：“嗯，快去写作业吧！”

“可是，我今天还是跑了第一名，在前两圈的时候，我前面还有好几个人呢，我以为自己要跑倒数了，谁知却后来居上……”李闯意犹未尽。

没等李闯说完，妈妈就打断他说：“你这孩子，叫你去写作业，你没听到啊？整天就知道不务正业。跑步好有什么用？重点大学会收一个跑步的？”

听完妈妈的话，李闯觉得好没意思，悻悻地走开了。

我们都知道，随意打断别人的话是很不礼貌的行为。在与成年人交往时，很多人都能做到知行合一。甚至有些父母在与别人家的孩子交流时，也能做到，唯独与自己的孩子沟通时，却容易忽略这一准则。结果，有不少家长就像李闯的妈妈一样，根本就没耐心听完孩子的诉说，随意打断孩子的话，令孩子失去了倾诉的欲望，不愿意再跟父母交流。

父母随意打断孩子的话，会造成诸多危害：一是会让孩子觉得自己得不到父母的尊重，长此以往，他们就会习惯于把话藏在心里，不肯对父母说；二是会让孩子觉得自己和父母的地位是不平等的，自己的说话权得不到重视，时间长了，孩子就会与父母产生对抗情绪，以致双方互不信任，沟通困难；三是可能会影响孩子语言表达能力的提高和性格的发展，一些孩子可能会因此而变得自卑、内向、沉默寡言。更严重者，有的孩子甚至会产生心理障碍。有调查显示，70% ~ 80% 的儿童心理问题，都和家庭环境有关，特别是与父母对孩子的教养和交流沟通方式不当有关。家长们，对此一定要引起注意。

第三章

赞赏让孩子更加出色

有一位哲学家说，鼓励是自信的酵母，夸奖是自信的前提。要让孩子变得更加优秀，最有效的方法就是及时地夸奖和鼓励他。正确的夸奖能使孩子坚定自己的信心，让孩子相信自己拥有变得更好的能力。当一个孩子具备了这种乐观的精神与思维方式的时候，学业或事业，都不再是难事。

罗森塔尔效应的教育启示

罗森塔尔是美国著名心理学家，他和他的团队做过这样一个实验：

罗森塔尔和他的团队来到一所小学，他们从一年级到六年级中各随机挑选了3个班，然后对这18个班级的学生进行了所谓的“未来发展测试”，但其实罗森塔尔根本没有进行这个测试。在这之后，罗森塔尔用赞许的语气将一份“最有发展前途者”的名单交给了学校老师，并叮嘱他们对学生保密，以免影响实验结果。在这里罗森塔尔其实对学校撒了一个权威性谎言，因为名单上的学生只是随机挑选出来的。

8个月后，罗森塔尔对这18个班级的学生进行复试，结果发现凡是在名单上记载的学生所有人的成绩都有了较大进步，并且性格开朗，且富有求知欲。

为什么会出现这样的现象呢?

这是因为罗森塔尔是著名的心理学家，在美国有相当高的知名度，是人们心中的权威，老师们对他的话都深信不疑，因此就对他指出的那些学生充满了信心，经常称赞他们。而这些学生也感受到了这种期望，认为自己确实聪明，从而提高了自信心，在两方面因素形成的合力作用下，真的成了优秀的学生。

称赞会给人极大的鼓舞，体现在小孩子身上尤其明显，而父母的表扬与其他人相比，产生的作用会更大。心理学家们经过实验发现，孩子会在无意中按父母的评价强调自己的行为，以期得到父母的表扬和认可。生活中，有很多细节都能展现这一点。

有一次，我去一位朋友家，女主人正在擦桌子，她两岁多的小孩子马上蹭过来，也学着妈妈的样子，手拿一块布，在桌子上抹来抹去。其实，这么小的孩子完全没有做家务事的概念，她只是单纯地模仿而已。但这位聪明的母亲知道其中的重要性，她马上抓住了这样一个夸奖孩子的机会，说："小威真懂事，这么小就想帮妈妈擦桌子，谢谢你！"小威听到妈妈这样讲，马上来了精神，在桌子上抹得更带劲了。不仅如此，妈妈在擦完桌子之后，还指点孩子："以后擦桌子的时候要注意，这些边边角角也要擦干净，那就更好了。"孩子高兴地点点头。

可以预见，小威在妈妈的引导下，一定会越来越优秀。在日常的教育中，家长们也应该对自己的孩子多一些表扬，少一些批评，而不是动不动就拿别人家的孩子说事儿。须知别人家的孩子可能真的很优秀，但把自己家的孩子引导成优秀孩子才是最重要的。

对孩子的一些想法和行为，我们不能按成人标准来判定，应该站在孩子的视角，发自内心地赞美孩子，比如“你真棒，我小的时候可没有你这样有创意”等。这样，孩子的进步速度就会越来越快，孩子也会把父母当作自己生活中的良师益友。反过来说，一味地指责甚至是狠狠地训斥孩子，孩子的无限潜能就会被父母的指责和训斥声所淹没。

哲学家说，鼓励是自信的酵母，夸奖是自信的前提。要让孩子变得更加优秀，最有效的方法就是及时夸奖和鼓励。正确的夸奖能使孩子坚定自己的信心，让孩子相信自己拥有变得更好的能力。当一个孩子具备了这种乐观的精神与思维方式的时候，学业或事业，都不再是难事。

可是有的家长会有这样的顾虑：一味地夸奖孩子，孩子骄傲了怎么办？如果今后听不了批评的话怎么办？孩子将来不听话很难教怎么办？

这种顾虑很正常，而且这种现象也的确会有。夸奖孩子其实是有要领可循的，有的方面一定要夸，而有的方面一定不能夸。夸奖是技术，更是艺术。

在我们小区，有这样两个小女孩。

一个小女孩长得很漂亮，所有的人看到她都会赞不绝口：“真是太漂亮了！”这种话听得多了，小女孩便以此为傲，慢慢地添了很多坏习惯，整天不停地照镜子，头发每天一洗三梳。父母意识到这不太对劲，就提醒孩子把心思放在学习上，但孩子的观念已经形成了，很难改变。

另一个小女孩非常聪明，可以背很多英语单词。有一天，家里来了客人，奶奶对小女孩说：“我们念英文给叔叔阿姨听好不好？”小女孩点点头。奶奶就问小女孩“苹果”的英文单词怎么说，小女孩马上说“apple”；又问“雨伞”怎么说，“房子”怎么说，“山”怎么说，等等，小女孩都是对答如流。大家不住地称赞她，这时，小女孩却突然对奶奶说：“奶奶，你知道‘大象’怎么说吗？”奶奶愣了一下，说：“我怎么可能知道？”没想到，小女孩当着众人的面对奶奶说了一句：“奶奶，你怎么这么白痴啊！”

上面例子中的两个小女孩，都是因为听众人的夸奖太多了，以至于忘乎所以，不仅自视甚高，甚至看不起长辈，这就有悖我们夸奖的初衷了。

我们夸奖孩子，为的是让他们更加健康地成长，所以夸奖应该侧重于孩子的好习惯、好态度、好品格。比如一个孩子天天坚持写日记，得到夸奖之后，会坚持得更好；一个孩子很懂得让着自己的小弟弟，得到夸奖之后就会变得更加懂事。而对于孩子的天分、长相这些方面的优点，就不需要一次次地夸奖，要适可而止。

可以批评，不要否定

夸奖需要适可而止，批评当然要更加慎重。尤其是不讲方法的批评，对孩子的打击往往难以估量。所以，教育学家们反复告诫家长们，即使是在盛怒之下，也不要没头没脑地指责孩子。至于那些看上去很“坏”的孩子，实则更需要父母的关爱。

一位记者朋友曾经讲过一个男孩子的故事，他是一名少年犯，15岁时被关进了少管所。朋友通过采访，了解到男孩子的成长经历，觉得他非常可怜，也非常遗憾。

这孩子小时候确实顽皮，但也不是没有优点，起码他的运动天赋很高，智商也很高，不然想不出那么多歪点子，搞不出那么多恶作剧。但因为常常在闯祸后受到父亲的打骂，在班里也常被老师当着全班同学批评、讽刺与嘲笑，慢慢地，他开始处处与老师对着干，不久就被校长在全校点名批评，回家后再次被父母打骂，于是便自暴自弃，最后沦为了罪犯。

“一个孩子在成长中没有遇到一点儿爱的温暖，却总是遭遇到充满恶意的批评，试问他怎么能改掉自己的毛病呢？”这位记者朋友在报道中写道。

是呀，成人犯错都是难免的，更何况孩子！如果家长只会打孩子，学校老师也总是批评孩子，孩子得不到鼓励和支持，没有得到别人的一点儿理解，他只会消极到极点，只会觉得自己永远不可能再重新来过，那他就会彻底地放弃自己，铤而走险，图一时欢乐去做任何事，包括违法犯罪。因此，作为父母，在教育孩子的过程中，别总是着急否定孩子。每一次的否定都是在把孩子往歧路上推。

家长们用心良苦，目的都是想把孩子教育成才，但简单、粗暴的责骂不等于教育，更不能使孩子从心底认识到自己的错误，体会到父母对他们的关怀，而且最容易引起孩子的反抗。这种叛逆心理一旦形成，就会造成父母和孩子间的隔阂和冲突——孩子会在情绪的左右下，越来越不听话，越来越叛逆，你越是批评他，他就越是要和你对着干……家长们，又何尝不是被情绪绑架了呢？

对于孩子来说，他们由于心理不成熟，自我约束力差、自我纠错能力差，所以在成长过程中不但错误百出，而且可能会经常犯同样的错误。有些家长对孩子过于苛刻，孩子一出错，就不停地批评孩子，意图把孩子“骂”醒。但不管怎么骂，首先都是一种伤害，结果也不可能是你想要的。

没有人喜欢一直被否定，孩子尤其如此。因此在批评孩子的时候，不妨换一种方式，试试“三明治”法，这样孩子就比较容易接受。所谓“三明治”法，是指把批评的内容夹在表扬之中，从而使受批评者愉快地接受批评。这种方式就如三明治，第一层是认同、赏识、肯定对方的优点或积极面；中间这一层夹着建议、批评或不同观点；第三层是鼓励、希望、信任、支持和帮助。这种批评法不仅不会挫伤受批评者的自尊心和积极性，而且还会使其积极地接受批评，并改正自己不足的方面。

此外，父母在批评孩子的时候，一定不要攻击孩子的人品和性格，不然就会把原本简单的事情搞得复杂化。说白了，就是在任何情况下，都要做到对事不对人。

不要吝惜对孩子的欣赏

很多家长可能想不明白：孩子为什么一定要得到赞赏呢？这是教育中一个很必要的手段吗？作为家长如果想弄清楚这个问题，可以先换个角度想想。

试想一下，假如你今天在公司认认真真地做了一份策划书，被同事们大加赞扬，你会怎么想呢？会不会感到很欣慰：我的努力没白费。

再想一下，假如你今天烧了可口的饭菜，家人很喜欢吃，并且在吃完之后，满足地说："嗯，今天的菜做得真好！"你会不会特别高兴，下次会更加兴致勃勃地为大家做一顿丰盛的美味？

大人们有这样的心理，孩子也一样，他们很需要得到家长的欣赏和认可。也可以这样说，鼓励是每一个人的自然需求，很少有人受到批评之后还会很开心。而孩子幼小的心灵更需要受到鼓励，他们期待着鼓励，就好比花草树木期待雨露一样。鼓励能够使孩子的信心高涨，让他们变得更加努力、上进。

著名教育家陶行知曾经指出："教育孩子的全部秘密就在于相信孩子和解放孩子。"

著名的成功学大师拿破仑·希尔也在书中讲过自己的亲身经历：

他说，自己从小就被认为是一个坏孩子。无论家里出了什么样的倒霉事，大家总是认定是他干的，甚至连他的父亲和哥哥都认为他很坏。

父亲认为，母亲很早过世、没有人管教是希尔变坏的主要原因。对于希尔来说，这些其实无所谓，反正大家都这样认为，那就当个坏孩子吧！

直到有一天，父亲再婚，继母站在希尔面前，希尔却像个枪杆一样站得笔直，双手交叉叠在胸前，目光冷漠，没有一丝欢迎的意思。

“这是拿破仑，他是全家最坏的孩子。”父亲这样将他介绍给继母。

继母看到他后，眼睛里却闪烁出光芒，她把手放在希尔的肩膀上，微笑着说：“最坏的孩子？一点儿也不，我看他是全家最聪明的孩子，我想我们一定可以把他至诚的本性诱导出来。”

一番话把希尔心里说得热乎乎的，眼泪都要掉下来了。因为在此之前，从来没有一个人称赞过他。他的父亲、家人和邻居都认定他就是个坏男孩，但继母的赞赏改变了希尔，他一辈子都不会忘记继母将手搭在他肩上的那一刻。

每个孩子内心深处都渴望被肯定、被欣赏，就好比植物需要浇水一样。这是人性，中国人和外国人都一样，成年人和未成年人也都一样。所以家长们不要吝惜你对孩子的欣赏。你的每一次肯定和赞赏，都是在给孩子创造改变人生的契机。

具体该怎么赞赏呢？我们看一个具体的例子：

小胖说："爸爸，等我长大了，我要在海边给你买一栋别墅，让你住在里面，每天都能看到大海。"

爸爸说："你现在不要想那么多，好好学习就行了。只要你学习好，爸爸就很高兴了。"

看了上面这个例子，不知你作何感想。例子中的爸爸或许并没有想自己的这句话是否会打击孩子的积极性、进取心，但是换位思考，不难发现，孩子听到之后心里该会是多么失望！

如今的家长们，对孩子都寄予了太多的期望，总是想象着孩子能朝着自己期望的方向发展，总是绷着一根望子成龙的弦，丝毫不放松。孩子进步了，赶紧提醒他不要骄傲，总是担心一点儿小小的成绩会让他忘乎所以。岂不知孩子如此努力，内心里想要的只是一句欣赏和肯定。没有这句话，他们就没有动力。有了你的肯定，他才有可能给你带来更多的惊喜。

假如爸爸在听到小胖那个美好的心愿之后，这样说："小胖，你真是爸爸的好儿子，爸爸等着你给我买别墅，爸爸相信你一定能够做到。"简单的一句话，没有任何大道理，但对于年幼的孩子来说，完全是两个天地。

所以，从现在开始，把对孩子的赞美淋漓尽致地表现出来吧，别再吝惜对孩子的赞赏。

挖掘孩子身上的闪光点

教育学家们在研究过程中发现了这样一个现象：大人们总是对孩子的缺点非常敏感，对孩子的教育也往往以“纠错”为主。

然而，这种教育在很大程度上压抑了孩子的个性。新时代需要有个性、有自信的孩子，而这样的孩子大多是在激励和赏识的教育中培养出来的。这就需要家长们有整体意识，多看孩子的优点，找到并赏识孩子的闪光点，孩子才有可能在将来真的闪闪发光。

斌斌是一个让老师和家长都非常头疼的孩子，从上初一起就调皮捣蛋，不遵守课堂纪律。在家里，他似乎也很叛逆，喜欢跟爸爸唱对台戏。

“你这孩子，在学校不好好表现，我的脸都让你丢尽了！”在又一次被老师请到办公室谈话之后，爸爸一回到家，就对斌斌大声嚷嚷。

“总是这么不争气，看我今天怎么教训你！”爸爸十分恼火，想要惩罚一下斌斌。这时妈妈走了过来，劝住了爸爸，将斌斌拉到一旁进行教育。

“斌斌，跟妈妈说说，你为什么要在学校打人呢？我知道你在学校虽然有些调皮，但却不是一个爱打架的孩子。”

“今天课间的时候，小月因为不给大个子莫风抄作业就被他打了，当时小月的脸都青了。我是小月的朋友，看到好朋友受欺负气不过，就出手替她打抱不平。”斌斌说道。

“原来是这样。你这样做，也算不上错，看到同学被不讲理的人欺负，是应该帮助的。但是你的做法太鲁莽了，只要你打人了，就算你有理，在别人眼中也是错的。以后再有这种事，可以想想其他更温和的方式。”

听完妈妈的话后，斌斌觉得很受用，也认识到了自己的错误。

育儿的关键一课，就是学会欣赏孩子，善于发掘孩子的闪光点，而不是一味地埋怨和批评。找到孩子的闪光点，就能恰当地进行评价和表扬，让孩子在温暖和关爱的氛围中受到鼓舞和启发，尽快改正缺点，发扬长处，成就其更加精彩的人生。

每个孩子身上都有闪光点，只是有的孩子的闪光点是天生就有的，有的孩子的闪光点是后天培养起来的。而且，父母们要明白，比起孩子能力上的闪光点，孩子身上表现出的道德性的闪光点，不仅更值得欣喜，而且对于孩子的人生发展有着重要的作用。

再小的进步也应该被奖赏

每个孩子都像是一块尚未雕琢的璞玉，都有成为人才的可能性。将来这块玉是大放光彩，还是失去光芒，是父母们教育孩子很关键的一环。

聪聪今年已经读小学六年级了，可他的字一直写得很潦草。为了帮助聪聪写好字，妈妈在征得聪聪的同意之后，给他报了一个书法兴趣班。刚开始的时候，聪聪还很有耐心，刻苦地学习和练习，可过了不久，他学习的兴趣慢慢减弱，在练习方面也远不如原来了。

一天，妈妈见聪聪正漫不经心地练习着，便不失时机地问道："儿子，最近感觉怎么样？学书法有用吧？"

"有什么用啊？用毛笔练字真累，我是越来越没有耐心了，而且，用毛笔写好了未必能用钢笔写好，我不想学了。"聪聪抱怨道。

妈妈听完，没有马上反对，而是拿过聪聪的练习本，仔细一看，说："很不错嘛，你的字明显比以前进步了。你最近的作业我也看了，字迹清晰，结构合理，比以前好很多了啊，你怎么说没用呢？"

聪聪听后，虽然有些怀疑，但心里十分高兴，一下子又找到了学习的热情，接着练了起来。

古人说，十年树木，百年树人。事实上，孩子的进步是阶段性的，是需要时间的，家长应该充分明白这一点，给孩子的成长以充足的时间，赏识孩子的每一个进步。只要孩子比原来有所进步，就要及时给予肯定和赞扬，这对孩子来说是一种很大的鼓舞，会让他们在进步的道路上不断前行。

但很多父母却受一些浮躁的教育理念影响，常常对孩子要求过高，且急于求成，因此很难看到孩子的细小进步，看到了也不屑一顾，甚至当孩子没有达到自己理想的标准时，就全盘抹杀孩子的进步，这其实是非常错误的做法。

家长们要记住一句秘诀，并且经常对孩子说："你每天都在进步。"这句话看似平淡无奇，但对于成长中的孩子来说，尤其对于看起来没什么进步的顽童来说，是一种巧妙且积极的鞭策。要知道，人心是非常微妙的，别说是孩子，就是大人，也往往是受到什么样的评价，就会变成什么样的人。

每个孩子都是不断成长的，从不成熟到成熟，需要经历一个漫长的过程。在孩子们看来，自己前进路上的每一步都是不容易的，只要做好了，父母就应该高兴，就应该表扬自己。在家庭教育中，父母应该读懂孩子的这种心理，珍视孩子的进步，学会欣赏孩子，因为这不仅影响到孩子学习和做事的效果，还会影响到孩子对人对事的态度。

春星的成绩在班级里总是垫底，同学们都瞧不起他，他自己也放弃了。可是，春星的妈妈却一直不放弃，坚持鼓励孩子努力学习，打好翻身仗。

"春星，你能做到每一次考试进步一个名次吗？这次是倒数第一不要紧，我只要求你下次考到倒数第二就可以了。"

就这样，在母亲的鼓励中，春星一点一点地进步着。五年级下学期期末时，他不再位列班级倒数第十名了。可是，刚上了小学六年级，春星又考了一次班级倒数第一，他很沮丧。

“不要这么沮丧，你看你这次的数学成绩可是考了一个前所未有的高分哦！”春星的妈妈对孩子说道，“不要放弃，下一次可以考得更好的。”

就这样，春星在妈妈的鼓励下重拾信心。到六年级上学期期末时，他的成绩已经排在班级中等位置了。

古人说，不积跬步，无以至千里。没有细小的量的累积，也就没有质的变化。我们要相信，没有一个孩子注定是一块顽石。只要父母留心孩子每一次细小的进步，并用一种赏识的眼光去看待孩子，及时鼓励孩子，他们就总会有大放异彩的一天。

第四章

多一些宽容，少一些斥责

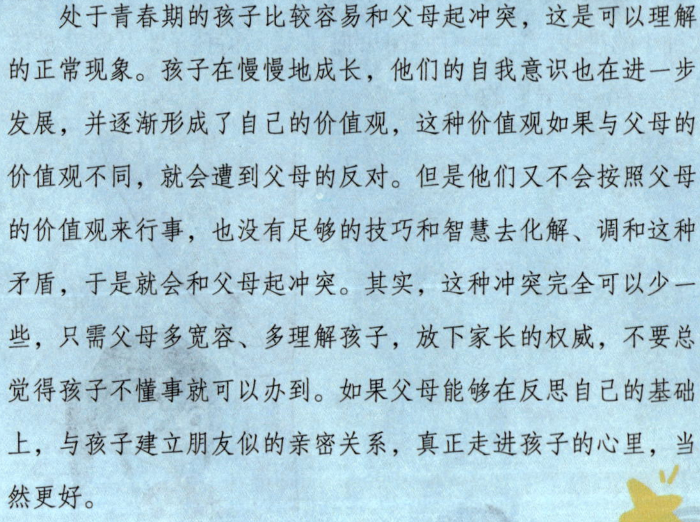

处于青春期的孩子比较容易和父母起冲突，这是可以理解的正常现象。孩子在慢慢地成长，他们的自我意识也在进一步发展，并逐渐形成了自己的价值观，这种价值观如果与父母的价值观不同，就会遭到父母的反对。但是他们又不会按照父母的价值观来行事，也没有足够的技巧和智慧去化解、调和这种矛盾，于是就会和父母起冲突。其实，这种冲突完全可以少一些，只需父母多宽容、多理解孩子，放下家长的权威，不要总觉得孩子不懂事就可以办到。如果父母能够在反思自己的基础上，与孩子建立朋友似的亲密关系，真正走进孩子的心里，当然更好。

条件反射式的责备不可取

几乎每个孩子的成长都伴随着父母的责备，只是或多或少而已。可是很多时候，父母们发现，不管自己如何责备，甚至辅以体罚，孩子的有些错误还是照旧。对此，父母们往往表示：我们已经束手无策了！

那么，孩子们又是怎么想的呢?

在一节家庭互动课上，老师让家长坐在教室的后排，耐心听听学生的心声。

老师问："如果你们做错了事情，希望父母怎么办?"

"我希望我的爸爸不要打我。"一个瘦瘦的男孩站起来说道。

"我希望我的妈妈不要老是责备我。"一个短头发的女孩大声说。

"我希望我的爸妈告诉我，我错在哪里。"一个眼睛大大的女孩说道。

"我希望我的爸妈能给我一个反省的机会。"一个个子高高的男生大声说道。

……

"如果父母都做到了这些，你们会怎么做呢?"老师笑了笑，继续问道。

"我会很爱他们，试着去改正错误。"孩子们高声答道。

就像条件反射一样，大多数的父母在孩子犯错以后，第一反应就是责备孩子。可是，这种做法真的十分有效吗？不见得。其实，做了错事的孩子是非常担心父母责备的。如果父母严厉地批评孩子，孩子反而有一种“如释重负”的感觉。相反，如果父母能适度冷处理，孩子的心里反而会变得紧张起来，更容易产生一种愧疚感，进而会去反省自己的错误。

小楠和小北是非常要好的朋友，两人都是13岁，在同一所学校的同一个班级学习，而且住在同一个小区，从小玩到大，关系非常亲密，无话不说。

有一次，在和其他小朋友踢足球的时候，小楠不小心把足球踢到了臭水沟里，其他小朋友都不想和他玩了。小楠生气地走了，小北也跟着小楠走了。走在路上，小楠说，要是有个自己的足球多好呀！于是就跟小北商量买个足球。可是两个孩子都没有多少零用钱，小楠就建议拿家里的钱。两人回家后，趁父母不在，偷偷拿钱买了一个足球，可心里总觉得不踏实。

不久，小楠的妈妈和小北的妈妈都发现家里的钱少了，但是两个人的处理方式却截然不同。

小楠的妈妈在发现钱少了的同时，发现小楠最近总是怪怪的，回到家就开始写作业，吃饭的时候也不敢看她，于是就怀疑儿子可能拿钱去买了什么东西。但她装作什么事情也没有发生，只是每天晚上去小楠的房间，问问小楠有没有什么话要对妈妈说。前三天，小楠一直都说没有，到第四天，他再也顶不住这无形的压力，终于对妈妈坦白了，并承认了错误，希望妈妈给他改正的机会。

小北就没这么幸运了。他的妈妈发现钱少了之后，也发现儿子最近怪怪的。有一次打扫卫生的时候，她发现了藏在床底下的足球，就去质问孩子是不是拿钱去买了足球，小北无法抵赖，就老实说“是的”。然后，小北的妈妈大声地呵斥了他一顿。按说这应该更有效，趁热打铁嘛！可事实恰恰相反，因为小北这几天也始终在为自己偷偷拿钱去买足球而愧疚，妈妈把他训斥了一番之后，他的愧疚感反倒消失了，并且产生了一种“妈妈发现了也不过是训斥一顿”的错觉。而妈妈也产生了错觉，以为小北记住了这次教训，结果没过多久，她发现儿子又偷偷从家里拿了钱。

例子中的两个妈妈无疑都是爱孩子的，都希望孩子能够改正错误，健康成长。可是，面对同一件事，同样的错误，两个妈妈采用了不同的处理方式，出现了完全不同的结果。我们不得不说，小楠妈妈的处理方式比小北的妈妈高明得多。你从中学到了什么呢?

理解孩子的小脾气

当孩子还是襁褓中的婴儿时，只会用哭的方式来表达他的痛苦与需求。这时候的父母也知道，孩子还不会表达，要耐心寻找原因，直到他们不哭不闹为止。俗话说“六月的天，娃娃的脸”，父母们觉得，这阶段的孩子不可捉摸是理所当然的。其实，就算孩子再大一些，很多时候，他的脾气也不可捉摸。而且一旦小脾气得不到理解，孩子就开始和父母唱反调，这个时候家长就会疑惑：孩子为什么越大越不听话呢？

其实，孩子并不是越大越不听话，而是他们长大了，有了自我意识。当他们的想法或情绪被父母一口否决之后，自然会表现出不高兴，觉得父母不理解他，进而表现得很叛逆，想通过各种孩子式的抗议，达到自己的诉求。因此，聪明的家长面对这一阶段的孩子，不要简单地要求孩子听话，而是在尊重孩子的自我意识、尊重他们的情绪、理解他们的小脾气的基础上，更好地引导他们成长。举一个小例子：

一个小女孩对妈妈说：“我不要去看医生，打针会痛。”

“我知道，你很怕打针吗？”

“嗯，我不想打针。”小女孩认真地说。

“妈妈知道打针会很痛，妈妈小的时候也这样认为，你不用怕，一会儿就不痛了。而且妈妈在旁边陪着你，好吗？”

在妈妈的耐心开导下，小女孩乖乖去看医生了。

和成人不同，孩子往往会很敏感，容易情绪失控，动辄哭闹。但是，反过来说，把一个哭闹的小孩子引逗得破涕为笑也不是什么难事。因此，认识孩子的情绪特点，并加以利用，是促进亲子沟通的好方法。

当然，这话说起来容易，实践起来却很复杂。比如很多父母在孩子告诉自己遇到了问题或困难的时候，往往迫不及待地扮演“救世英雄”的角色，指点孩子应该怎么解决。在父母们看来，这是理所应当的，要不然要爸爸妈妈何用？但是，让父母们不理解的是，有些时候，面对父母的好意指点，很多孩子不但不领情，反而会变得莫名其妙，甚至大发脾气。

一天放学后，苗苗跑回家哭着说：“妈妈，体育老师不让我进学校的体操队。”

“老师为什么不让你去呢？”

“她说我的协调性不好。呜呜……”苗苗看上去难过极了。

“老师怎么可以这样说？我现在就打电话问问她。”妈妈要为女儿摆平这件事。

令妈妈吃惊的是，苗苗见妈妈掏出手机，非但不领情，还哭着对妈妈说：“臭妈妈，我不理你了。”说完就跑进自己的房间。

苗苗的反应把妈妈吓了一跳。后来，在妈妈的引导下，苗苗说：“我当时没想让你找老师，就是想跟你说说，哭一场。”

看吧，这就是孩子的怪脾气，他们又哭又闹，看上去无比委屈，但是从内心里并没有想真正解决什么问题。相对于解决实质问题，他们更在意自己的感受与情绪，只是想博得爸爸妈妈的理解和同情，只是想得到安慰。所以，你会看到很多小孩子，不管受了多大的委屈，只要扑进妈妈的怀里，一会儿就安静下来了。年龄稍大些的孩子，还是需要情绪上的抚慰与心理上的安慰的。因此，在不了解孩子情绪的状况下，父母做出的任何帮助可能都不是孩子想要的。他们需要的可能就是父母一个认可的眼神、一个关爱的动作，只要做到这些，孩子可能会马上从坏的情绪中摆脱出来。

了解了这一点，父母在与孩子沟通的时候就应该多聆听，多抚慰，少提建议。父母面对发脾气的孩子，先明确他们是希望父母帮忙解决问题，还是只想发泄一番，就能够有的放矢，减少不必要的冲突了。

别太介意孩子顶嘴

曾经有一次，一位年轻的妈妈在闲聊时对我抱怨说："最近我女儿特别爱顶嘴。比如，在从学校回家的路上，我们到一个公园去玩了一会儿。之后我说'咱们回家吧'，她不干，还反问我：'为什么我非要听你的，而你就不能听我的？'再比如，她特别喜欢小动物，总想养一只小狗，我不让，说小狗身上有细菌。但是她却说：'你说得不对！电视里说过，小朋友和小动物多接触可以提高抵抗力。'每次遇到这种情况我都会很着急，但又不知道怎么对待孩子。"

其实这是家长们的普遍感受，有不少家长都有过这样的抱怨。所谓"七岁八岁狗也嫌"，随着孩子一天天长大，父母们渐渐觉得孩子不如从前听话了，并且变得难管了，动不动就与家长顶嘴，家长说东，他偏说西，这令家长十分为难和恼火，同时也确实不知道该拿这样的孩子怎么办。

对此，家长们也没必要过于烦恼，只要找到孩子顶嘴的原因，一切都是很容易解决的。一般而言，孩子顶嘴都是有原因的。归结起来，主要是因为随着年龄的增长，孩子进入了青少年时期，他们具备了一定的独立思考能力，不再愿意别人把他们当作小孩子来看待，也不愿意处于被照顾的从属地位，更不愿意一直处在被命令指派的位置。所以，家长们没有必要为孩子的顶嘴而生气恼火，不妨为此感到高兴，因为孩子开始顶嘴意味着他们有自己的想法了，有独立思考的能力了，越来越成熟了，这不正是家长们企盼的吗？

父母不愿意接受孩子顶嘴这个现实，大多是由于受千百年来传统观念的影响，觉得小孩子见识少、阅历浅、不成熟，“子不教，父之过”，于是就形成了“父母说话小孩子听”的思维定式。也有不少父母要孩子对他们“言听计从”，否则就有失他们作为父母的威信和尊严。其实，这种想法也不对，因为父母不可能总是按照管教三四岁小孩的方法来对待已经长大的孩子。要求和命令方式教育的时代已经过去，换成说服与引导的方式就可以了。

开明的家长懂得尊重孩子的独立性，允许他们的孩子有不同的观点或看法。面对顶嘴的孩子，能保持风度、保持冷静，不轻易发火动怒，以免加剧双方的抵触情绪。我们也要善于倾听孩子的意见，耐心让孩子把心中的想法讲出来，然后分析一下孩子说得是否有道理，变顶嘴为讨

论、探讨。如果孩子是正确的，家长就应该给予肯定和鼓励；如果孩子是无理取闹，家长可以坚持自己的观点，但要将心比心，考虑到孩子的心智与接受程度，耐心给他讲明道理，从心底说服他。

德国心理学家安得利卡·法斯通过多年的实验证实，两代人之间的争辩，对于下一代来说，是走向成人之路的重要一步。能够同父母进行真正意义上争辩的孩子，在以后会比较自信，有创造力，也比较合群。而不是父母们所认定的："你这样，将来到社会上怎么办？"

仔细留意一下，你还会发现，孩子在争辩的时候，往往是他们最得意的时候。这至少有两个好处：一是孩子最来劲、最高兴、最认真的状态，对他们的大脑发育最有好处；二是这样可以营造家庭的民主气氛，增强孩子各方面的能力，对孩子将来的发展大有裨益。

反过来说，如果一个孩子从不与人争辩，总是"与世无争"，那么他的勇气、智商、口才、进取心、自信心等就值得怀疑了。从某种意义上说，争辩还是孩子的一门必修课，而这门课最好在家里进行。在争辩的过程中，父母要有热心和耐心，让孩子在争辩中不断成长，而不是让一句简单的"顶嘴"毁掉对孩子的综合素质的培育。

错的不一定就是孩子

嘉宜和妈妈是一对"欢喜冤家"，好起来不得了，坏起来了不得。从初二那年开始，两人开始隔三岔五争吵，到现在愈演愈烈。正赶上妈妈刚刚内退，听说高中女生容易早恋，妈妈就格外关注嘉宜和男同学的来往。可嘉宜是学校的文艺骨干，总有不少男生打电话或发信息找嘉宜，嘉宜怕妈妈知道后又跟她吵架，便什么都不跟妈妈说。妈妈便更加焦虑，只好以偷听女儿电话的方式监督她。

一天放学后，家人吃着饭，嘉宜无意中讲起了学校里的事。她说某个男生球打得好，人长得帅，唱歌比明星还好听，还说女生都被他迷住了。妈妈不听则已，一听火冒三丈，当下放下碗筷，指责女儿“不好好学习，受男生干扰，想入非非”。

针对妈妈的批评，嘉宜也不示弱，马上怼了回去：“我们班确实有女生对那个男孩有好感，有的甚至给他写情书，可我对他没感觉，你用得着翻脸吗？”

妈妈紧跟着就是一句：“那你对谁有感觉？你对谁有感觉都不对！”

嘉宜说：“我对你有感觉，也不对吗？“

“啪！”吵着吵着，妈妈怒不可遏，打了嘉宜一巴掌。嘉宜稍微愣了一下，哭着跑了出去。从这以后，两人几天没说一句话。后来外婆把嘉宜接过去住了一个月，母女关系才得到了缓和。

我们发现，在上面的故事中，女儿和妈妈闹别扭，并不是女儿的错。女儿只是在陈述情况，但是妈妈想多了，并且不懂得点到为止，不仅动口斥责，还动手打孩子，结果使误会加深，矛盾激化，无法收场。

其实，造成母女矛盾的罪魁祸首是妈妈的担心和疑虑，更深层次的原因，则是基于担心和疑虑产生的成见。在现实生活中，但凡是孩子和父母争吵，父母就会下意识地认为一定是孩子的错。这一方面是因为父母总是不自觉地把自己摆在了比较权威、不能触犯的位置上；另一方面，则是由于父母总觉得自己是为孩子好。在这种双重“有理”的心理作用下，大多数父母都会觉得一定是孩子错了，而自己根本不会错，孩子只需执行即可。

理性地说，处于青春期的孩子比较容易和父母起冲突，这是可以理解的正常现象。孩子在慢慢地成长，他们的自我意识也在进一步发展，并逐渐形成了自己的价值观，这种价值观如果与父母的价值观不同，就会遭到父母的反对。但是他们又不会按着父母的价值观来行事，也没有足够的技巧和智慧去化解、调和这种矛盾，于是就会和父母起冲突。其实，这种冲突完全可以少一些，只需父母多宽容、多理解孩子，放下家长的权威，不要总觉得孩子不懂事就可以办到。如果父母能够在反思自己的基础上，与孩子建立一种朋友似的亲密关系，真正走进孩子的心里，当然更好。

有一天，小潮的妈妈在给小潮整理房间时，发现了小潮藏在床头下的一封信。原来，这是他写给班上一名女同学的情书。小潮的妈妈看了以后很生气，准备等孩子回来好好教训他一番。

下午放学后，小潮一回到家，就发现妈妈阴着个脸。等他回到房间后，马上发现了原因：他写的那封情书不见了。

“妈，你是不是乱翻我的东西了？”小潮大声地问道。

“是的。”

“你怎么能这样呢？”

“我要是不翻你的东西我能知道这些事情吗？我还不是为了你好？再说，我也不是故意去翻的。”小潮的妈妈辩解道。没等她教训小潮，小潮反倒生气地转身回了自己的房间，“砰”地关上了门。

短暂的沉默后，小潮的妈妈开始反思自己，她觉得自己翻看孩子的东西毕竟不对，于是决定先向他道歉，再说其他问题。

妈妈敲开了小潮的屋门。“我觉得我翻看你的东西是我的不对。”妈妈说出这句话后，小潮很吃惊，他想了想，说：“我觉得现在的我写情书也不对。”妈妈听后笑了。“其实我也没想着要早恋，不然我干吗写了不给她呢？”小潮自顾自地解释道。

这件事以后，妈妈每次在跟小潮有不同意见时，都会去反思自己是不是也有错。小潮也很愿意将自己在学校的一些事情跟妈妈说，觉得这个“朋友”其实还不错。

其实，父母反思的过程，就是站在孩子的角度上看问题的过程。会反思的父母之所以会受到孩子的喜欢，就是因为他们可以用一种平等的态度，站在孩子的角度上思考问题。人都会犯错，父母教育孩子的过程，其实也是一个自我完善的过程。

正确看待孩子撒谎

诚实就像一件漂亮的外衣，对于孩子的成长而言，它不是一件装饰品，而是一件必需品。诚实的孩子会交到更多的朋友，会得到更多的肯定和爱。可是，总有一些孩子在懵懂之中，情急之下，拿谎言掩盖错误，这时候，作为父母应该怎么办呢?

是大声地呵斥，以此警示孩子再犯就挨揍；还是耐心教导，仔细分析孩子说谎的原因，告诉他说谎的坏处，让他不要再犯?

显然是后者更妥当。但有不少父母都不自觉地选择了前者，他们看到孩子撒谎后的第一反应就是生气，甚至气不打一处来，从而“丧失”理智与理性，不能平心静气地纠正孩子的错误。

一个母亲讲过这样一个故事：

一个月前，女儿小丽去同学小刚家玩，回来时把小刚的小卡片拿回家来了。我发现后鼓励女儿还给同学，并要求她向人家道歉，还告诉她别人的东西再好也不可以拿。如果喜欢，可以跟爸爸妈妈商量，也可以自己买，等等。女儿都答应了。

我以为事情就这样结束了，没想到后来跟女儿的另一个同学小兰的妈妈通电话时，她告诉我说小丽还卡片时撒了谎，她说卡片并不是自己拿的，而是小兰拿的，她只是帮小兰还回来而已。

我听了以后很惊讶，真不敢相信小小的女儿变得这么复杂，竟然可以用一个谎言掩盖自己的错误。我难过、生气、慌乱，许多感觉交织在一起。

晚上回家后，我问女儿那天是怎么跟同学说的，她似乎意识到了自己的谎言露了馅，有点儿不安，但并没有当场说出真话，只说自己忘了。

我也实在没有耐心再听她继续撒谎了，就开始大声地训斥她，并且要求她明天分别向两个好朋友道歉。可是女儿却哭着跑开了。

第二天早上，火气消了以后，我问女儿为什么要说谎，她说，因为怕同学笑话她，所以才那么说。

刹那间，我理解了她，因为女儿自尊心比较强、爱面子，于是我进一步告诉她，做错事就要勇敢地承担责任，撒谎是一个比拿别人东西的错误还要严重的错误。女儿点了点头，说自己知道错了，以后再也不撒谎了。

仔细想想，父母生气并非没有理由：辛辛苦苦养大的孩子怎么转眼间就变成了一个说谎精，平日里品德教育的作用都去哪里了？可是，生气归生气，生气之后就应该立马冷静下来，找找孩子说谎的原因。要知道，只有对症下药，才可能让孩子真正改掉说谎的习惯。

需要注意的是，不少父母总觉得撒谎是一个不可饶恕的错误，撒谎的孩子一定是品行出了问题。其实，仔细分析孩子说谎的原因，就知道这种说法有些小题大做了。孩子撒谎固然不好，但是并非孩子的所有错误都与“品德不端”有关。许多时候，孩子犯错的最初原因可能在家长身上，也可能是无意中模仿大人的不实之词，或出于自我保护的本能，或为了迎合家长的过高期望，满足某种虚荣心。孩子犯错，作为家长要正确理解并加以引导，根据不同情况客观分析，对他进行正确的教育引导。即使孩子犯了错，只要说了真话，就应肯定他的表现，并引导他不断完善自己。

另外，据成长心理学统计，孩子从 3 岁开始就有撒谎的倾向，到小学二、三年级这种现象会更加严重，因此不少父母经常会忧虑孩子撒谎，害怕这会成为一种习惯。其实，大可不必担心，因为心理学研究已证明，会撒谎的孩子比不会说谎的孩子更具创造力。为什么？所谓说谎，即是一种说出假想经历的能力，是一种能把语言和行为分开的能力，与“无中生有”的创造力有密不可分的关系。孩子只要不是谎话连篇，或有意说谎，父母还应该适当保护并正确转化这种创造力。

第五章

营造良好的沟通氛围

无论是什么人，受到激励而改过，是很容易的事情；受到责骂而改过，则是比较不容易的。小孩子更喜欢听好话，不喜欢听恶言。但在生活当中，不经意间就会发现父母和孩子的对话充满了命令与强制。很多父母一不小心，就忽略了孩子也是独立个体，也有独立的人格和鲜明的个性心理特征，也愿意做自己生活的主人。其实，牛不喝水，不能强按头。牛若喝水，又何须强按头？最好的父母一定是擅长沟通的父母，而良好的沟通氛围能让亲子沟通事半功倍。

物质弥补不了情感饥饿

一项“家庭教育大调查”显示，亲子共处时，妈妈与孩子最常从事的活动是一起看电视，这大约占到调查人数总数的35%；其次就是妈妈辅导孩子学习，这大约占到25%；剩下的则是其他事情，如游戏等。而妈妈每天和孩子说话的时间，仅有半小时左右，而且内容多是“教导性”的。

在这种情况下，家庭教育出现了“想要”和“需要”之间的落差，家长希望的是：孩子功课棒、才艺佳、听话又乖巧。所以，家长花时间与精力最多的，还是处理“课业与升学的压力”“孩子学习的状况”等问题。然而，孩子最希望与家长分享的是“心情和情绪”，他们的心愿是家长能多和自己说说话，而不是总问“你今天的功课完成得怎么样”“今天你学会什么了”等等。

当今社会，人人都顶着压力前进，作为上班族的家长们常常在跟时间赛跑，但无论如何，都要挤出时间陪陪孩子，和孩子聊聊天，分享他们的心事。即使陪伴孩子的时间很短，但只要注重质量，仍然能让孩子感受到父母对他的关心，从而建立起良好的亲子关系。

下面这个有心的妈妈就想出了一个聪明的方法：

从去年“六一”开始，我把抽出时间与儿子交流这件事列为每天的工作内容。

每天中午，我都会用电话与女儿联络，问女儿学习有什么困难、老师对她有什么要求、需要妈妈给什么帮助等。开始，女儿吞吞吐吐，不太爱讲，但经不住我的启发和开导，她便把她在学校遇到的困难、与同学的交往，甚至有哪个同学欺负她等，都讲给我听。我帮她分析原因，指点做法，引导她正确处理，使她感到每次与妈妈“煲电话粥”都很愉快，都充满喜悦和信心。

慢慢地，每天中午，我不打电话去找她，她就会给我打电话，向我汇报学习上的困难，讲述生活中的趣事、思想上的困惑。她还调皮地称中午时间是“妈妈时间”，是“热线时间”。

还有一位母亲，她从孩子很小时就注意和孩子的情感交流。每天在孩子上床时都要问问他："今天过得开心吗？"孩子长大后，就养成了在睡前和妈妈沟通的习惯，有什么不顺心的事就像朋友一样告诉妈妈。有了这样的感情基础，孩子就容易接受妈妈的建议和忠告，容易跟妈妈建立起朋友般的关系。

如果缺少家长的陪伴与沟通，孩子就容易出现"情感饥饿"。"情感饥饿"的孩子特别喜欢撒娇、任性，偶尔还会做出一些古怪的行为，以引起家长对他的注意，或者产生极端的自闭内向，郁郁寡欢。

家长们往往是在孩子出现这些情况以后，才发现自己的失职，后悔不已，但是已经来不及了，因为弥补受到伤害的亲子关系，赶走孩子的"情感饥饿"，要花很长的时间，也许永远也不能恢复如初。因此，我们要从孩子小的时候起就注重与孩子的交流，这是一个温暖的家庭必不可少的活动。

试着做孩子的知心朋友

美国总统西奥多·罗斯福有句名言："在儿子面前，我不是总统，只是父亲。"他也将这句名言彻底贯彻在自己的日常生活中。他很少用命令的口吻跟孩子说话，而是一直以一种平等的姿态与孩子进行平等的交流。在他的传记中，记述了很多此类事件。更有意思的是，他年纪大了之后，虽说贵为总统，但也会像普通人家的老父亲一样，主动在饭后洗碗，这是何等的难能可贵。

中国也有句俗话："孩子再大也是孩子"，它不是一句简单的空话。如果想改善亲子关系，父母就应该主动理解孩子，相信孩子，做孩子的知心朋友。如果将自己放在了高高在上的位置，那么在和孩子的交流中很容易让孩子产生距离感，甚至是逆反心理，这都不利于家庭教育。那怎么样才能做到与孩子进行平等的对话呢?

首先，要意识到孩子是一个独立的个体，不是父母的附属品，这是与孩子进行平等对话的前提。许多父母习惯于把孩子看作自己的一部分，甚至是自己的私有物。在他们的潜意识里都有这种想法，即孩子是自己的骨肉，自己辛苦把孩子养育大，就可以把孩子当成自己的私有财产，自己也当然有权利安排他们的人生。

其次，父母在与孩子的交流过程中，要认真地去考虑孩子的想法，不要总觉得他只是个孩子，什么都不懂。这也是中国式家长最容易犯的一个错误。

凡凡是一名小学三年级的学生，她很喜欢跳舞，可是她的妈妈总觉得跳舞太耽误学习，不让她去学习。

有一天，凡凡想了很久，决定跟妈妈做一个约定，那就是，如果她努力学习，成绩一直能保持在班级前五名，妈妈就得答应她去学跳舞。晚上，等妈妈下班后，凡凡很高兴地走进了妈妈的房间。

"妈妈，我想跟你签个合同。"

"小孩子家的，知道什么是合同吗？好了，别闹了，去看书吧。"

"可是，妈妈……"

"好了，哪里来的这莫名其妙的想法。学习去吧！"

凡凡沮丧地离开了妈妈的房间。

就这样，凡凡的妈妈不仅失去了一次与孩子交流的机会，也失去了一个愿意主动交流的女儿。此后，当妈妈意识到问题的严重性时，再去补救，也没能收到预期的效果。

最后，也是最重要的一点，那就是要放下家长的权威，允许孩子自由地表达自己的想法，尤其是在关于孩子的未来发展这样的事情上。父母爱孩子，总是替孩子考虑和安排，却很少去考虑孩子的想法和感受，只要父母觉得好，孩子就必须接受。其实，这对孩子非常不公平，也影响亲子关系，很多青春期的孩子和父母的矛盾冲突激化也正源于此。

其实，这种矛盾并不难化解，那就是和孩子展开平等的对话，先听听孩子的想法，考虑一下孩子的感受，再往下进行。且看下面的例子：

依依又和妈妈吵架了，妈妈和依依都搞不清楚，这是从依依上初中以后，母女之间第几次的“战火”了。

好在这一次，依依和妈妈吵完架后，虽说也很生气，但没有像前几次一样持续冷战，而是回到自己的房间中，迅速写了一封信，然后递给了还在沙发上生气的妈妈。

信是这么写的——

妈妈：

请原谅我不想再称呼你为“亲爱的妈妈”，这是因为我也很生气。我们总是吵架，没完没了。用爸爸的话说是“三天一小吵，五天一大吵”。我对于我们之间的吵架也很厌烦。

我知道你是爱我的，做很多决定也是为我好。可是，我还是受不了你总是自作主张地替我决定未来。

我觉得自己已经不是一个小孩子了，我有权决定自己的一些事情。就比如今天这件事情，我不想整个暑假都学习，我想出去旅游，而且爸爸都已经同意了，那为什么你又给我报了一个补习班呢？

妈妈，我希望你不要生气，不过我还是要说一下我的这个要求：请你考虑一下我的感受，尊重一下我的决定。

最后，谢谢妈妈！

你的女儿：依依

依依的妈妈看完信，陷入了沉思：孩子真的大了，也许真的应该用一颗平等的心来跟她谈事情了。

只有在平等的时候，爱才会给人最温暖的感动。不平等的爱，带给人更多的是压抑。恋爱的人之间是这样，父母对孩子的爱也是这样，只有平等地对待孩子，和孩子交流，做孩子的知心朋友，孩子才会更多地感受到父母温暖的爱。

温和的态度更容易让孩子接受

著名教育家陈鹤琴在《家庭教育》一书中举过这样的例子：一次，他看到自己的儿子拿着一块破旧的棉絮裹着身体，当成毡毯玩。陈鹤琴思考了一下，对孩子说："这旧棉絮是很脏的，是有气味的，我想你一定不会喜欢的，你可以去向妈妈要一块干净的布，好吗？"孩子听了之后，高高兴兴地就去找干净的布了。如果是你，你会怎么做呢？

无论是什么人，受到激励而改过，是很容易的事情；受到责骂而改过，则是比较不容易的。小孩子更喜欢听好话，不喜欢听恶言。但在生活当中，不经意间就会发现父母和孩子的对话充满了命令与强制，比如：

"去，给我回家写作业去！"

"不准说话，赶紧吃饭！"

"今天必须去辅导班听课！"

……

很多父母一不小心，就忽略了孩子也是独立个体，也有独立的人格和鲜明的个性心理特征，也愿意做自己生活的主人，而不是一直被父母命令，被动地接受。牛不喝水，不能强按头；牛若喝水，无须强按头。命令的方式应慎用，尤其不能滥用。

举个现实生活中的小例子：

小宇今年5岁了，这天，他正在跟隔壁的小同在小区的花园里捉蝴蝶，突然妈妈急急忙忙拉着他往小区外面走。原来，妈妈有急事要出差，准备把小宇送到姥姥那里，爸爸已经在小区外面等着他们了。

然而，小宇的妈妈并没有对孩子说明原因，她想，小孩子只跟着父母走就行，但小宇却说：“我要捉蝴蝶。”

“捉什么蝴蝶？妈妈有急事，快！”妈妈边说边拉着小宇往外走。

结果小宇就是不走，妈妈使劲拽了他两下，小宇不知所措，大哭了起来。妈妈着急了，就打了小宇一巴掌。小宇更委屈了，在地上打起了滚，伴着大声的哭闹，吸引了很多人的目光。

这时候，小宇的爸爸走了过来，一边走还一边问："怎么这么慢？"

"这孩子太不懂事了，死活要捉蝴蝶。"小宇的妈妈说道。

"小宇，爸爸跟妈妈今天有急事，要把你送到姥姥家，等从姥姥家回来，我们再和小同捉蝴蝶，好不好？"爸爸蹲下来，对坐在地上哭泣的小宇说。

小宇抹了抹眼泪，点点头。爸爸抱起他往外走，妈妈向爸爸伸出了大拇指。

除了上面的情形，生活中还有一些情况需要父母们注意，比如当孩子用手抓饭吃，妈妈打了孩子的手，孩子哭了，正哭得喘不过气来时，爸爸如果命令孩子"不要哭，闭上嘴"，孩子又不是能受胯下之辱的韩信，怎么能憋得住这口气？先理解，才能化解，家长中只要有一个稍微懂点儿儿童心理学，就不会出现一地鸡毛的场面。

成人喜欢命令，也习惯于接受命令，但对于孩子来说，那些不无摧残心灵、摧残健康等副作用的命令，是孩子不能执行、听从不了，也不应该接受的。

其实，有一种比命令更好的方式，那就是沟通。

父母们可以用心体验一下，自己在命令孩子的时候，说话的态度是不是简单而生硬的？而在和孩子沟通时，虽然事情还是那件事情，但说话的口气已不由自主地平和了下来。同样，温和的态度也更容易让孩子接受，而粗暴的态度往往会遭到孩子的反抗。这是因为，孩子在接受命令时是被动的，而在沟通时孩子是主动的。比起被动的指派，主动的接受就多了一种愉悦的心情，这也是孩子为什么讨厌父母直接命令的原因。

与孩子分享他的喜怒哀乐

我们都喜欢跟自己的朋友交谈，因为在我们悲伤时，朋友会给我们鼓励；在我们生气时，朋友会给我们安抚；在我们愤怒时，朋友会让我们平息；在我们快活时，朋友也可以和我们一起分享。总之，我们的一切情绪都会得到朋友的积极回应。

“回应”，这是人际交往的关键词。孩子对父母也有这样的渴望，他们也很希望自己的言行得到父母的积极回应，希望可以与父母分享自己的喜怒哀乐。

受一位叔叔的影响，有个男孩刚上初中，就成了一位超级足球迷。虽然他的学业比较繁重，可是每次有足球比赛，他都要“力排众议”，彻夜不眠地看。

他也很愿意给母亲讲关于足球的事情，可是每次对母亲说起足球轶事，母亲都没有一点儿兴趣，偶尔还会在儿子半夜看球时呵斥他。慢慢地，儿子就再也不跟母亲聊足球的事情了，这让母亲心里有些不好受。

于是母亲给儿子写了一封信，内容如下：

儿子，你是一个铁杆球迷，为了看球，甚至可以不吃饭、不睡觉。说实话，我原本无法理解，对于我来说，足球只是一堆人争夺一个球的无聊游戏。你常常深更半夜悄悄起来看英超、意甲转播，虽然为了不吵醒我们，你总是把音量调到最低，但是，你那压抑的激动声响，和偶尔克制不住而发出的大声喝彩，还是会惊醒我，那时，总免不了给你一顿教训。

可有一天，我突然想到：能够让你如此如痴如醉的足球，到底为何能吸引你呢？我怎样才能够体会你在看足球时的快乐呢？有机会一定要尝试一下。

对此，儿子在几天以后的日记中回应道：

奇迹果然出现了！不但是塞内加尔的奇迹，也是我妈妈的奇迹——她竟然开始想了解足球了，还看报纸的介绍、评论，又抽时间来看球赛，甚至还想了解贝克汉姆、罗纳尔多。当我们同时情不自禁地站起来给中国队加油的时候，我感到我们的心灵第一次如此相通。我心里只想说：能跟妈妈分享我的快乐，我真高兴！

我们都希望有人分享自己的欢乐与悲伤，孩子更是如此。我们都希望在讲述自己的喜怒哀乐时，能得到他人积极而正面的回应，孩子也是如此。可是，有多少父母在孩子向他们诉说自己的喜怒哀乐时，能做到饶有趣味地倾听呢？很多父母，在孩子滔滔不绝地讲述着令自己高兴的事情时，都不回应一声。这还算好的，不好的就直接打断孩子的话，让孩子不知所措，兴味索然。

久而久之，孩子肯定不愿意再和父母分享自己的生活。因为这种打断和敷衍会给孩子一种感觉，那就是：父母是不关心自己的，要不然他为什么不感兴趣？所以，在听孩子讲话时，父母一定要认真积极地回应。

父母的回应，一方面可以让孩子感受到父母对自己的关心和爱护，从而愿意与父母分享更多的自己成长中的故事，这有助于父母了解自己的孩子；另一方面，也是对孩子的一种鼓励，使孩子更加从容地把自己内心的想法表述出来，这对于孩子日后的表达能力和交流能力的提高都是有益处的。

有些家长为了维护其尊严和权威，往往对孩子实行命令主义，总要摆架子，对孩子过多地批评、指责，极少鼓励、赞扬。这种家庭教育方式让孩子怎么开口讲心里话呢？有些父母因孩子动作慢，索性代劳，当孩子想表达自己的意见时，父母却抢着说。这种不耐心倾听的结果，会干扰孩子创造性的思考过程，使他变得沉默、依赖，凡事站在一边，遇事站在父母背后。

正确面对孩子的负面情绪

孩子和成人一样，有他们自己的烦恼。他们也会郁郁寡欢、怒不可遏、无理取闹……这些情况都很正常。家长首先应该接受孩子的负面情绪，随时关注孩子的情绪变化，并在此基础上积极引导。

在面对孩子的负面情绪时，家长保持良好的情绪是关键。在很多时候，虽然我们深爱着自己的孩子，但是在生气的时候也会表现出否定、责备，这会让孩子忽略我们的目的，而更加关注我们的情绪。双方都变得情绪化，孩子大声嚎哭，父母怒不可遏，这是谁都不想看到的场景。

有一位教育家曾经说过："最好的父母一定是懂得孩子心事的父母，是在孩子最需要的时候给孩子关怀的父母。"其实每个父母都想做优秀的父母，希望自己可以懂孩子内心的想法，能在关键时刻给孩子帮助。然而，有时这确实是一件很难的事情。

一天，张江闷闷不乐地回到家，丢下书包，半天什么话也没说。妈妈一看就知道，这小子有心事了。

"儿子，怎么了？有什么事情跟妈说说？"张江的妈妈温和地问道。

"有点儿烦！"张江的语气中充满了怒火。

"说说吧，看妈妈能不能帮你。"张江妈继续温和地说。

"你不知道，今天去上学的时候，正好遇到我们班的一个女同学，当时她拎的包很沉，所以我就帮她拿了，我们俩一起走到了教室门口。

没想到同学们见了都起哄，连老师也误会了。唉！”

“原来是这样啊！被人误会了，心里肯定不好受，但你帮同学拿东西是好事，大家取笑一下也没什么恶意，老师以后也会明白。”

“嗯。”听了妈妈的话，张江的心情马上变好了，高兴地做作业去了。

孩子在成长的过程中，会遭遇到各种各样的问题，有时候他们会选择主动求助，有时候也会把不快藏在心里。这时候，就需要父母及时关注孩子情绪的变化，从细微的地方去感知孩子是不是遭遇到困难，从而帮助孩子解决困难。

最近，在回家的路上，小虎总是被高年级的同学欺负，他们还恐吓小虎，如果敢告诉家长和老师，就让小虎好看。这让小虎心里很害怕，即使回到家里，也是一副担惊受怕的样子。

他很想跟爸爸说说这件事，可是想到同学的恐吓，就不敢张嘴了。爸爸隐隐地感觉到儿子似乎有什么话要跟自己说，于是问了一句："虎子，你有话要跟爸爸说吗？"

"没……没有。"小虎欲言又止，结结巴巴地回答道。

"哦，没有就去写作业吧！"

就这样，小虎的爸爸虽然感觉儿子有些异样，但没能进一步"侦察"，结果失去了一次帮助小虎的机会。最后，悲剧发生了。有一天，小虎实在忍受不了那些同学的欺负，开始反抗，用一把小刀划伤了其中一个同学的胳膊，那个同学住了一星期的院才恢复健康。

试想一下，如果小虎的爸爸能够进一步了解孩子情绪变化的原因，并细心地引导孩子，悲剧恐怕就不会发生了。这样做，不仅能及时帮助孩子以正确的方式解决问题，更能给孩子力量和支持，让孩子更有勇气战胜困难，并同父母更亲近。

强子已经上初三了，再也不像小学时那样，什么事情都愿意跟妈妈说，这让妈妈很沮丧。但妈妈没有一叹了之，而是开始关注儿子的情绪变化，希望能找到一个机会，让孩子主动跟自己说说心里的事情，及时给孩子出出主意，帮帮忙。

有一天放学后，强子生气地回到家中，用力地把一本物理书摔在沙发上，然后就躲进了自己的房间。妈妈感觉到儿子很生气，马上敲开了他的房门。

“儿子，你怎么了？我感到你很生气，而且跟那本物理书有关系。”

“是，今天下午，物理老师给我们讲题，我突然想到了这道题其实还可以用另一种方法去解，于是就站起来跟老师说了。结果被老师批评了一顿，说我没有礼貌，随便打断他的讲话，自以为是。老师还引用了好几个成语，乱七八糟一大串！”

“怎么也得等你讲完自己的想法再批评你嘛！”

“对，我也觉得，但他没有给我任何机会，上来就是一顿批，让我很生气！”

……

就这样，母子俩谈了好久，到最后，强子不生气了，妈妈也很开心，因为她好久都没跟儿子说这么久的知心话了。

孩子的成长需要家长的关怀，家长要学会做一个有心人、细心人，多抽些时间陪陪孩子，多注意孩子情绪的变化，才能成为孩子的知心人，孩子才愿意把心里话告诉父母。

第六章

让孩子信任并接纳我们

实际上，只要不是非常过分，孩子对父母有所疏离是一种正常现象。这种疏离也并非无药可医、无法可治。我们要知道，让父母与孩子交流受阻的关键原因并不是青春期造成的心理变化，而是父母和孩子之间缺乏共同语言。再加上有些父母常年忙于工作，不重视与孩子的交流，好不容易有了和孩子沟通的机会，又往往将侧重点放在孩子的学习成绩上，对孩子真正感兴趣的事情置之不理。这种价值观的不同，才是直接导致父母与孩子隔阂的罪魁祸首。

教育的过程少不了陪伴

世界卫生组织公布的一项研究数据表明，平均每天能与父母共处两个小时的孩子，其智商要比那些没有和父母相处的孩子高。那些长时间没有父母陪伴的孩子，在成长过程中则容易表现出“情感饥饿”，从而刁蛮任性，或者多疑胆怯。因此，不少教育专家都建议，父母不管多忙都要抽空陪陪孩子，以满足孩子的情感要求，让孩子健康快乐地成长。

生活中经常会有如下的场景：

鹏鹏的爸爸是一家建筑公司的经理，经常要去工地，早出晚归，有时候周末还要去外地。鹏鹏几乎很少和爸爸交流，鹏鹏很希望像别的小朋友那样和爸爸玩游戏。

这天，爸爸终于有时间休息了，鹏鹏特别高兴。

“好，爸爸就满足一下你小小的心愿。那我给你读一下新买的那本故事书吧！”

“哦，爸爸真棒。走，我们去客厅吧！”说完，鹏鹏就拉着爸爸往客厅走。

父子俩来到客厅，爸爸刚把书翻开，准备给鹏鹏讲故事，手机就响起来。

“儿子，坐在这里等等爸爸啊，我接个电话，马上就回来。”爸爸

说完就去和客户聊开了，把鹏鹏晾在一边。

打了一通电话之后，爸爸回来找鹏鹏，刚要开始读书，没想到微信语音又响了。

“鹏鹏乖啊，爸爸再耽误一下。”爸爸说着又走开了。

鹏鹏心里很难过，觉得原来爸爸这么不重视自己，“算了，我还是一个人玩吧！”他拿着故事书，闷闷不乐地回到了自己的房间。

这样的片段，在很多家庭中都出现过，父母们往往觉得这没什么，小孩子嘛，事后哄哄就好了。哄哄，不就是专家所谓的情感需要吗？可是站在孩子的立场来看，事后补救的效果如何姑且不说，这起码是对孩子的不尊重，会让孩子产生失望心理。

此外，还有一种情况，很多家长由于工作确实很忙，实在抽不出时间来和孩子交流，自己内心也是充满愧疚，于是就用物质来弥补孩子，希望以此减少自己对孩子的愧疚感。

但是，这样的效果真的好吗？答案显然是否定的。相对来说，成人世界或许更需要物质多一些，而在孩子的世界里情感才是第一位的。如果没有父母的陪伴，再多的物质也是难以弥补的。

再看下面的例子：

华清的爸爸工作很忙，可以说是以岗为家，早出晚归，华清很少能看到爸爸。因为每天早上他还没有起床，爸爸就上班去了；晚上他已经上床睡觉了，爸爸可能加班还没有回来。

其实华清的爸爸心里觉得很愧疚，也不知道用什么样的方法来补偿孩子，他所能想到的，就是用物质来弥补孩子。

于是，每当爸爸出差回家，就会召唤华清："华清，快来看爸爸给你带什么好东西了？"

华清立即从自己的房间跑出来，接过爸爸手中的礼物，说"谢谢爸爸"，然后又跑回自己的房间玩去了。

几乎每次出差，爸爸都不忘给华清带礼物，华清好像也摸清了爸爸的行动规律，每当爸爸出差回家的时候，他就会主动地跑出来，但眼睛不是看向爸爸，而是盯着爸爸手中的礼物，接过礼物就自己玩耍去了。

有那么几次以后，华清的爸爸有点郁闷，但转念一想，孩子嘛，就是贪玩，也就不以为意了。

但有一次，爸爸出差回家时很匆忙，忘了带礼物给华清，而华清也像往常一样高兴地从自己的房间跑出来迎接爸爸，然后失望地说："咦，你怎么这样就回来了？没有给我带礼物吗？"听到孩子这样的问话，华清的爸爸哑然。

不难看到，就连华清的爸爸这样的成年人，也是有各种情感需求的，稍有变化，他们就会敏锐地感觉到。然而，孩子最需要的并不是好的玩具和礼品，而是父母的关怀、陪伴和交流。很多家长在年轻的时候没有时间陪孩子，等到孩子长大之后，他们痛苦地发现，孩子已经不愿意和他们沟通了。

另外，正如我们在例子中看到的，如果总是单纯地靠物质和孩子进行沟通，那会让孩子把沟通看得很功利。

父母们应该静下心来想想，你们努力地在外打拼，为的就是让孩子生活得更好，可是在教育孩子的问题上，总是出现重大的失误，是不是有点儿得不偿失呢？因此，不管你有多忙，只要你有孩子，就想办法多陪陪他们吧！

理解是建立默契的开始

很多人都听说过“代沟”一词，很多家长也习惯性地用它来解释育儿过程中的亲子隔阂。其实，关于代沟是否存在这个问题，学术界一直有着激烈的争论。退一步讲，就算有，它也不是什么难以逾越的鸿沟。

在有耐心、有办法的家长面前，父母和孩子之间没有什么是无法沟通的，每一个父母都是从孩子一点点长成大人的，孩子又不是外星人，怎么会无法沟通呢？

一位心理学家曾经在书中讲过这样一个真实的故事：

一个孩子灰溜溜地出现在我面前，不用猜，肯定是闯祸了。果然，他因为喜欢打邻居家的猫，被警告了好几次，但他还是不听。

“是因为有什么心事吗？其实，我能理解你。我年轻的时候也做过一些不好的事情呢！”时光回到了我的少年时代。

“在我读初中的时候，父亲做生意亏了很多钱。在长达三四年的时间里，总有来路不明的自行车停在我家院子里，等着要账。有一年快过年的时候，还有两三个收账的人就是不走，我当时心里特别难受，也很埋怨父亲。后来，我形成了一个习惯，就是但凡看到陌生的自行车停在我家，就会想办法拔了人家的气门芯，让它鼓着进来，瘪着出去。这件事渐渐被爸爸发现了，我挨了一顿打。其实，我当时也明白自己这样做是不会让家里少还一分钱的，要账的走着也能来，我总不能在地上铺钉子扎人家的脚吧？但我心中的委屈和痛苦需要发泄，所以我一如既往地拔气门芯，直到家里要账的人越来越少。一度，我甚至以为真的是自己的办法奏了效。

“这是我小时候的功绩之一，还有很多呢！唉，小时候自己做了错事还不觉得错呢！”

……

“我打那只猫，是因为它什么都不干就可以吃东西，我却要好好念书写作业才能吃饭，这不公平！”他终于开口了。

“嗯，是不公平，不过你打猫也不起作用啊！”一个拧在孩子心中的结，慢慢打开了。

人在年幼的时候，对周围的事情都非常敏感，并且感受很细致。但是成年之后，大部分人会忽略那些细微而丰富的东西，并且忘记了自己曾经年轻过，觉得读不懂现在的孩子，无法理解孩子。其实，这些父母在小的时候也有孩子一样的心路历程，只是他们忘记了而已。

20 世纪 70 年代，流行中山装、红星帽，左胸口插一支钢笔更时髦；80 年代，流行喇叭裤、波浪发，扛着录音机上街更拉风；90 年代，流行染发，挑几缕金黄色的头发最有回头率；现在，流行直播、自拍，在社交平台上说什么都能找到共同语言……时代一直在变化，而人的成长轨迹还是一样的，渴望表达、渴望被重视、渴望成功，改变的不过是抒发这些情绪的方式罢了。

什么时代都有不顺应时代潮流的人。如果说以前相差十几二十几岁才会有代沟的话，那么在快节奏的今天，相差几岁就会有“沟”，甚至“三岁一代沟”。孩子们肯定会受影响，家长们必然需要时不时地反思一下，想想自己年轻的时候是什么样子，是否也经历过类似的问题，那时候的自己最希望父母怎样做……这样就知道现在身为父母的自己该怎么做了。

家长可以多回顾自己的年轻时代，这样就可以明白孩子与自己有些矛盾、有些过错实在不是什么新鲜事，多多理解孩子，孩子的成长是需要爱和包容的。只有真正地理解孩子了，孩子与父母才可能建立一种默契。

我们来看一个具体的例子：

每天下午放学后，小克只要吹一下哨子，小克的爸爸就会抱着足球跑向儿子。而等到晚上 7 点吃完饭，小克的爸爸只要眼睛瞅一下钟表，小克也会自觉地关掉电视，回到自己的房间写作业。邻居们都说这是一对天生就非常有默契的父子。

可是，只有小克和爸爸知道，这种默契的建立实在是来之不易。以前小克十分爱玩，喜欢踢足球，厌恶写作业。小克的爸爸试了各种各样的办法，包括把小克锁在屋子里强迫他写、没收小克的足球让他没办法玩等，可是都不见效。直到有一天，小克对爸爸大喊：“难道你小时候就只爱写作业，不爱玩吗？”小克的爸爸才想起了自己当年也很爱玩，于是他也开始理解小克了。最后，他和小克商量，能不能每天他先陪小克玩一会儿，然后小克就乖乖地自己写作业？没想到小克很爽快地就答应了。刚开始，小克玩了一会儿后，写作业还得他去催促，后来，只要爸爸一看钟表，小克就知道自己该写作业了，父子之间默契了不少。

看得出来，小克的爸爸使用了必要的技巧，而不是一味地迎合。但前提是，他在小克的提醒下，理解了自己的孩子。家长们都希望和孩子建立一种默契的关系，那就不妨学学小克的爸爸，在多多理解孩子的基础上，正确地引导孩子。

不和对着干的孩子对着干

孩子小的时候，父母总盼着他长大，可是年龄稍大一点儿，孩子就会和父母顶嘴，或者干脆跟父母对着干。比如，你要让他换衣服，他偏不换；叫他早点儿睡觉，他故意翻过来调过去地不睡；让他写作业，他偏要先玩一会儿……而且你越是说他，他越是有理由；你越是要求严格，他越是对着干，蹬鼻子上脸。气得父母一声长叹：前世的冤家！

孩子究竟是怎么了呢？怎么突然间就这样不听话了？

还是先看一个案例吧。

小君的爸爸妈妈是一对很开明的父母，一直以来跟小君都很有默契。可是小君的妈妈最近发现，儿子自从读小学六年级以来，性格发生了显著变化。他似乎不像以前那样喜欢跟父母交流了，对于父母的一些做法和看法，他也时不时地提出反对意见。有一段时间，他甚至特别喜欢跟自己的父母“对着干”：父母要求他做的事情，他总是找各种理由拒绝；父母给他的意见和建议，他也经常当作耳旁风；当父母想要跟他好好谈谈的时候，他没听几句就转身出门。

“小君，你上次不是说想去看话剧吗？这周末妈妈陪你一起去看吧！”

“不了，我现在不想了，我周末想要跟同学一起去唱歌。”

“小君，过两天就是你的生日了，以前你总想请同学到家里来玩

玩，明天爸爸妈妈就给你们足够的时间玩，我已经帮你们准备了很多零食，到时候你们可以好好聚聚。”

“不用了，我现在觉得还是去外面过比较好，我已经跟同学们说了，把地点定在必胜客。”

“那爸爸妈妈也去，顺便帮你买单？”

“不行，我请的都是同学，你们去不合适。”

“你这孩子，怎么总喜欢跟父母对着干？也不想想如果你是父母，我们老是跟你这么对着干，你心里会好受吗？”妈妈很委屈地对小君说，惹得小君的爸爸哈哈大笑。

“你笑什么？孩子都这样了，你也不管管？”妈妈把矛头对准了小君的爸爸，小君趁机回了自己的房间。

就事论事，例子中的小君之所以会经常做出与父母“对着干”的举动，与青春期的叛逆心理密不可分。在生活中，面对孩子成长发育过程中的这些心理特征，父母应该多多了解和关心，并在此基础上通过实际行动帮助孩子走出成长过程中的困惑，帮助孩子健康成长。当孩子出于叛逆而做出一些不合时宜或错误的事情时，父母更应该好好引导和教育孩子，而不是一味地对孩子进行指责，这会让孩子更加反感父母，也更加叛逆。

苹苹下学期就读初中了，妈妈发现，她最近变得有些奇怪，总喜欢跟同龄人聊天，却什么话也不跟家人说。有时候妈妈问上好几句，她才勉强回应一两句。更让妈妈担忧的是，原本乖巧的女儿似乎一下子变得叛逆起来了，在很多事情上都喜欢跟父母对着干。

比如有一天，妈妈高兴地告诉她：“苹苹，你不是一直想学舞蹈吗？我们昨天已经帮你联系好了，明天就带你去报名。”

“舞蹈？我现在已经不想学了。”苹苹没好气地答道。

“你这孩子，上次不是哭着嚷着要去吗？妈妈费了很大的劲儿才帮你联系上，现在怎么不想学了？”

“就是不想学了，我就不喜欢按照你的意思去做，不想总是顺从你！”

妈妈既生气又诧异。

这个时候，苹苹的妈妈应该怎么跟孩子说呢？硬碰硬行吗？当然不行。这样做的话，只会让孩子的逆反心理更加强烈。其实，苹苹的妈妈不妨和孩子好好商量，在商量的过程中也不要急于说服孩子，而是先听孩子倾诉，把好她的脉，再来对症下药，就可以药到病除。

努力和孩子寻找共同话题

有不少父母发现，孩子越是长大，和自己的关系越是疏离，特别是正处在青春期的孩子。还有一些父母发现，自己的孩子非常善变，在学校中和在家中判若两人，在学校活泼开朗，在家中却一言不发。

实际上，只要不是非常过分，孩子对父母有所疏离是一种正常现象。孩子长大了，他们渴望挣脱父母的束缚，渴望有自己的空间，按照自己的意志安排生活，同时也希望父母给予理解和支持。如果不被理解，就会表现得叛逆。

这种疏离，也并非无药可医，无法可治。我们要知道，让父母与孩子交流受阻的关键原因并不是青春期造成的心理变化，而是父母和孩子之间缺乏共同语言。再加上有些爸爸妈妈常年忙于工作，不重视与孩子的交流，好不容易有了和孩子沟通的机会，又往往将侧重点放在孩子的学习成绩上，对孩子真正感兴趣的事情置之不理。这种价值观的不同，才是直接导致父母与孩子隔阂的罪魁祸首。

想摆脱这种僵化的亲子关系，最好的方式就是试着和孩子做朋友，努力寻找和孩子的共同语言。我们来看一个现实生活中的例子：

超超是个农村儿童，由于父母平时在外地打工，而且工作很忙，他从小就跟着爷爷奶奶生活，直到上初中，才被父母接到城里借读。

由于长期没跟父母生活在一起，起初，超超跟父母的关系并不是很好，动不动表现出对父母的不信任与不耐烦，并且凡事都喜欢跟父母对着干。

超超的妈妈与儿子沟通了好几次，都以失败告终。她百思不得其解，也非常苦闷。但她在潜意识里觉得，应该试着走进孩子的世界，努力寻找与超超的共同话题，缩小母子之间的距离。在得知超超喜欢打篮球后，妈妈找到了突破口。

“儿子，今天是周末，你想要打球吗？带妈妈一起去吧，我也想活动活动筋骨。”妈妈问。

起初，超超还不太愿意和妈妈一起去球场，总找各种借口推脱，可几次之后，他发现，妈妈不仅在球场上和他配合得非常默契，一定程度上还是个高手，只是多年为生活打拼，让她忽略了这些。

打完球，妈妈还总是不无骄傲地说：“儿子，你在球场上的表现真棒，以后有时间我们再一起切磋。”听完这些话，超超会心一笑，与妈妈的距离感不复存在了。

这是个日新月异的时代，有时候，仅仅是为了与孩子交流，父母也要有意识地不断提高自己，多关注一些新鲜事物，多关注孩子喜欢的东西，努力让自己的思想跟上时代，不要让孩子觉得自己很老土。

比如，孩子很喜欢流行歌曲，父母也不妨试着学唱几首，体会一下孩子的感受。再比如，跟孩子聊聊他们喜欢什么类型的影视剧，谈谈他们关注的偶像与主角，而不是一边跟他们抢遥控器，一边打压他们不成熟的审美。

我的同事李姐讲过一段亲身经历：

有一天，我跟孩子一起坐在沙发上，电视里正在播放热播的电视剧，女儿看得兴高采烈，这让我感到很奇怪。

“你很喜欢里面的男主角吗？”

“当然喜欢啦！”

“可是，我更喜欢女主角。”

“为什么呀？”

“因为她很努力呀，作为一个武打替身，她喜欢自己的职业，努力去做到最好。而且心地又善良，面对自己喜欢的人，虽然有时候表现出很骄傲的样子，可是私底下却努力跟他学习。”

“嗯，男主角也很好呀！那么爱她，照顾她。”

“是不错，可那也是因为这样的姑娘值得他爱。”

“好吧，妈妈，我知道你什么意思了，我也会努力做一个值得爱的女生。”

“哎哟，15 岁的孩子说出这样的话，可真是不害臊哦！”

“这都 21 世纪了，有什么害臊的？”

我笑了笑。女儿放下遥控器，回房间去睡觉了。

李姐说，在教育女儿的过程中，她尽量不讲大道理，很多时候都是以孩子喜欢的东西为切入点，从侧面给她讲述自己的体验。就这样，即使是在孩子的青春期里，她们母女俩还是很亲密，女儿也很少叛逆。

李姐的经验其实也适用于绝大多数家庭，正在为此焦虑的父母们不妨一试。

孩子发生社交障碍怎么办？

有些孩子生性大大咧咧，遇到不开心，顶多哭一场；有些孩子则比较内向，在成长的过程中遇到伤心事，会更加地闷闷不乐。如果他能够自我调节还好，但是如果他长期沉默寡言，不想与人交流，家长们就应该特别注意，并且要及时介入了。

下面例子中的小玉就是这样一个孩子。

小玉的妈妈最近很为女儿担心，因为在前不久的家长会后，老师特意叫住小玉的妈妈说：“小玉这孩子哪儿都好，就是平时性格内向、沉默寡言，上课不积极回答问题，下课后也不怎么跟同学交流，这对孩子的成长很不利。家长要多跟小玉交流，让她打开心扉，更活泼一些。”

小玉的妈妈回想了一下，觉得自己的孩子确实是这样，从小倒是很听话，但过于内向，在公共场合胆子很小，得刻意引导一下。

“小玉，今天是周末，你怎么不出去找同学玩啊？”

“不去了，也没什么好朋友，我还是在家好好学习吧！”

“学习也要注意劳逸结合啊，你出去玩吧，去找隔壁的云云吧，她妈妈说，她今天在家。”

“不，我不找她玩，她那么好动，话也多，还总喜欢到人多的地方凑热闹，我可不想。”

“热闹很好啊，大家一起玩才开心嘛！”

“我就喜欢一个人待着，人多的地方我感到无聊，我也不喜欢跟别人交流！”

“你……”

在现实生活中，像小玉一样的孩子不在少数，他们喜欢独处，害怕与人交往，不喜欢也不擅长在众人面前发言，勉强与人交谈的时候，也显得焦躁不安，担心自己在别人面前出丑；对人很排斥，不能信任周围的人，也不能接纳周围的人。

孩子之所以会这样，主要是源于内心的恐惧。这种不正常的心理状态与一个人的性格、心态、成长环境等因素密切相关。假如一个孩子的性格很内向，那么他很可能是在童年时期的社交场合遭受过打击，或者是在成长过程中经历过什么让他感到不愉快的事情。这些不舒服的经历会让孩子在潜意识中厌恶与人交往。

当然，绝大多数的小朋友还上升不到心理障碍的程度。孩子不爱讲话，这事说大就大，说小就小，有的孩子在他熟悉的环境中会表现得特别活跃，但是换一个地方换一群人，就会表现出非常内向的一面。只要不是发自内心地恐惧社交，家长只需多关注孩子的感受，多多地鼓励孩子即可。比如鼓励他主动跟其他小朋友玩，多带孩子参加亲戚朋友的聚会等。

小颜刚上幼儿园时，总是一个人躲在角落里，不跟其他小朋友玩。幼儿园老师看到这种情况后，就把她拉到小朋友中间，让他们一起玩。但是没过一会儿，小颜又跑到角落里，自己一个人去玩了。

后来，老师把这种情况告诉了小颜的妈妈。于是在一个早上，妈妈特意请了假，送小颜来到幼儿园。到小朋友们活动的时间了，小颜还是一如往常地自己一个人躲在角落里。妈妈见了，赶紧叫来也在这里上幼儿园的邻居的女孩彤彤，对彤彤说："彤彤，你去叫上小颜，跟你一起玩，好不好？"

"她不喜欢跟我们玩，她总是一个人玩。"彤彤嘟着嘴说。

"这次她会跟你一起玩的。"

"好吧！"

彤彤和小颜的妈妈一起找到小颜，彤彤对小颜说："小颜，我们一起去玩吧！"小颜看看彤彤，又看看妈妈，摇了摇头。

"去吧，小颜，和彤彤一起去玩，她很想跟你玩。"妈妈鼓励她说。

小颜还是摇摇头。

"小颜，如果你不去，彤彤会很难过的，你哪怕去跟她玩一会儿，然后回来再自己玩都可以，好吗？"

小颜点了点头，彤彤也很高兴地拉着小颜去跟大家玩。这一次，小颜没有回到角落里，老师看到后，对小颜的妈妈竖起了大拇指："你真有办法！"

"她只是有些胆小，多鼓励一下她就好了。"妈妈对老师说。

人是群居的动物，不能没有社交。良好的社交，能够磨炼和增强一个人的能力。只有当一个人的接触面越来越广之后，他的知识面才会得到更大程度的提升，情商也随之提高。反之，如果孩子从小害怕与人交往，又没有及时引导，那么将来的发展就会受到一定的局限。所以家长们不能轻视孩子的交流问题，如果孩子变得不爱说话，或者是看到人就躲，就要及时关心孩子的情况和感受，并给予帮助。

第七章

吸引孩子与我们合拍

要始终牢记，你想要的是孩子与你合拍，而不是各执己见，互相对立。所以，不要一上来就把自己的旋律或节奏强加给他，可以先找到他的兴趣点与兴奋点。尝试着与孩子合拍，你才有可能在不知不觉中，把他引入自己的节拍。

再忙也要多陪陪孩子

2011年的央视春晚上，许多小朋友合唱了一首儿歌，唱出了不少孩子的心声："爱我你就抱抱我，爱我你就陪陪我。"这是孩子们再正常不过的情感需要，但很多时候却得不到满足。很多父母都是孩子没起床时就上班了，孩子都睡着了才刚刚回到家，生活不易，这是事实，但无论多忙，也要抽时间来陪陪孩子。

陪孩子，也不是单纯地跟孩子待在一起那么简单。你在玩手机，孩子在看动画片，你俩到底是谁在陪谁？无疑，父母应该占主导，应该抓紧一切时间与机会引导孩子，这才是有效的陪伴。

家长应该想想自己有没有做过这些事，然后把该补的"课"及时补上：

每天下班后问问孩子的情况，同时也向孩子讲述一些自己的事情。

每周抽出一天或半天时间专门陪伴孩子。

每晚睡前，去孩子房间与他交谈一会儿。

我认识一位非常成功的职业女性，世人对她都是"光鲜亮丽"等溢美之词，但在总结自己的育儿过程时，这位妈妈向我发出过这样的感慨：

父母一定要多挤点儿时间陪陪小孩。你可以把孩子交给保姆、老人，但是谁也取代不了父母在孩子心目中的地位。千万不要以忙为借口把孩子推给别人，不管多忙，一定要记住和孩子多聊天、多沟通。

在我的孩子很小的时候，我和孩子的爸爸都忙于自己的事业，想着我们得有所成就，才能给孩子一个更好的未来，才是对孩子最大的爱。因此，我们决定把孩子送回老家，交给孩子的爷爷奶奶照顾。我们觉得，每个月只要给孩子多寄一些衣服和玩具，让他在物质上得到很好的满足就可以了。

我们努力工作，尽自己最大的力量，给孩子创造了很好的物质条件。可是，等事业有成的时候，我们却痛苦地发现孩子根本不愿意和我们沟通。更可怕的是，孩子内向多疑、胆小怕事，偶尔还会做出一些很古怪的行为。

看着这样的孩子，我想即使我们赚再多的钱，也可以让他有一个幸福快乐的未来吗？一个缺乏爱的孩子怎么会快乐呢？现在真是后悔以前为了事业没有多陪陪孩子，没有给孩子足够的关爱。

仅仅是内向多疑、胆小怕事，还不是最坏的结果。媒体上每每报道一些孩子，因为缺乏父母的陪伴与管教，胆大妄为，走上了歧途，造成了自己与他人的悲剧。所以，家长们要不断反思，看看自己是否忽视了孩子的情感需求，并在此基础上合理安排，尽量取得孩子教育与家庭、事业的真正平衡。

无独有偶，我还认识这样一位父亲，有一次碰面，他跟我讲起了自己儿子的事：

“自从有了儿子之后，我更加努力，不断地开创着事业，再加上几位贵人的帮忙，我逐渐由替人打工到创立起自己的小公司。公司生意也蒸蒸日上，发展态势很好，我因此整天忙得团团转，结果忽略了在成长中的儿子，我和儿子在一起的时间也越来越少了。”

一个周末，这位父亲出差一周后，拖着疲惫的身子回到了家中，当时已是午夜时分，儿子早已经睡着了。当他将随身的文件放进书房时，看到书桌上有一张纸条，内容是这样的：我的好爸爸，我好久没看到你了，你是个做生意的能手，可惜你是个“冰箱”爸爸，别的小朋友的父爱是热的，你的爱却是冰冻的。

儿子的话给了这位年轻的爸爸巨大的震撼。从此，无论多忙，他都会抽出时间陪儿子说说话，先谈谈自己工作上的趣事，再聊聊儿子学校里发生的事情。这样相处的时间多了，他们的父子关系变得非常融洽，公司的生意也并没有受影响。

这个故事具有一定的代表性，尽管现在的家长们面临着各种生存压力，早出晚归，很少与孩子交流，但在一个完整的家庭里，对于孩子而言，无论是爸爸，还是妈妈，都是他们每天生活中不可缺少的一部分。

家长们多抽出些时间陪陪孩子，不仅非常重要，而且也不会像某些人所担心的那样，因此而影响事业发展。如果真有人因为陪孩子而影响了事业，那样的事业该有多疯狂？不要也罢。

孩子出现问题时是改善亲子关系的契机

喜怒哀乐，人之常情，就算是成年人，也需要与人分享自己的喜乐悲愁，对于孩子来说更是如此，他们在这方面的需求，远比成年人更为迫切。相关研究也表明，90%的孩子都渴望与父母分享成长中的喜怒哀乐，前提是，父母对他关心，值得信任。

有的时候，孩子需要的是家长的建议或解决问题的方法；有的时候，孩子需要的是家长的支持和理解；有的时候，孩子只是想发泄一下情绪，说完就好。家长要仔细甄别，区别对待，不能想当然。

先来看一个反面教材：

小爽放学回到家后，迫不及待地和妈妈分享一天的感受。

小爽：当班长太累了，既要自己学习，还要维持纪律。

妈妈：既然不喜欢，就跟老师说说不当了。

小爽：可是我也很喜欢当班长，它让我觉得很光荣。

妈妈：既然你喜欢，那就不要再嚷嚷着说累了。

小爽（沮丧）：可是喜欢不代表不累啊！

妈妈（无奈）：真不知道你到底要说什么。

……

其实，小爽只是想吐吐槽，发泄一下情绪，妈妈不仅没有察觉到她的需求，回应起来还一再地“噎”她，她想继续分享自己的心情才怪。如果妈妈换一种谈话方式，先倾听，再共情，然后再适当引导，效果就会有明显的不同。比如：

小爽：当班长太累了，既要自己学习，还要维持纪律。

妈妈：你今天好像很累。

小爽：是啊，当班长让我觉得很光荣，可也让我总觉得有压力。

妈妈：嗯，我明白你的感受，我也曾经有过这样的情况。

小爽：我该怎么做才好呢？真头疼。

妈妈：妈妈相信你一定能处理好的，来，我们一起出去散散步。

小爽：谢谢你，妈妈。

散步的过程中，小爽不停地讲着，妈妈耐心地听着，时不时回应一句。小爽很兴奋，心中暗说：“妈妈是个好听众！”

正像这个例子所展示的，有时和孩子在一起，只是倾听、感受和理解就行，并不需要过多地提出解决方法。不过，这并不是说家长们只需听听孩子的抱怨就万事大吉。孩子遇到的具体事情不同，感情需要也不同，家长们介入与引导的方法也相应不同。

记得我儿子小的时候，有一天，他很沮丧地回到家中，放下书包，一句话不说就进了自己的卧室。我觉得他肯定是在学校里发生了什么不愉快的事才会这样，于是马上敲开了孩子的房门。

“儿子，发生什么事了？跟妈说说。”我坐在孩子身边，问他。

“我们班上的一个女生太讨厌了。我代表班级去参加学校举办的作文比赛，没有拿到奖项，心里本来就够难受了，谁知道她还在那儿说风凉话，说什么作文写得好，不过是在我们这个班里还算行罢了，但跟其他班的一比较就差多了。”孩子说着说着，竟然哭了起来。

“好了，你难道不明白，她是在嫉妒你吗？”说着，我轻抚着孩子的头顶，安慰孩子。

“我也觉得自己很糟糕，跟其他人一比。”孩子明显是在试探我。

“不，我早就说过，不管你成绩怎样，在妈妈这儿你都是个好孩子。”

听了我的话，孩子又哭了两声，便止住了哭泣，并对我说：“下次我一定拿个奖让她看看！”

古人说“烦恼即菩提”，这话应用在亲子关系上也是如此。孩子遇到问题的时候，亲子关系遭受考验的时候，正是改善亲子关系的大好契机。所以，父母要在孩子遇到危机时，第一时间给予他们爱和理解，孩子才能尽早走出不快，尽快成长起来。

给孩子游戏和成长的空间

有动物学家指出，在自然界中，几乎所有动物都喜欢玩游戏，但它们绝不是简单地玩玩而已。在游戏过程中，小动物们会得到快乐，能力也会相应巩固与提高。比如，小猫可以通过逗弄老猫的尾巴，锻炼自己的捕鼠能力。

儿童也一样，为了更好地学习与成长，做一些相应的游戏必不可少。因此，父母应该给孩子游戏的空间，这对他们的成长以及亲子关系的发展是必不可少的。

但需要注意的是，这种游戏并不是给孩子买玩具或者玩电子游戏，而是一种特别设置的亲子游戏。在这方面，父母可以参考美国著名教育家卡尔·威特的一些教子方法。

卡尔·威特在专著中提及，自己没有给小威特买过任何玩具，因为他认为孩子从玩具中学不到什么知识。同时他坚信，玩具是一把双刃剑，利用不好的话，可能会起到反作用。而且他非常反对那些给了孩子玩具就不再过问的父母，对此提出了非常严厉的批评。

当然，卡尔·威特知道，不给小威特买玩具，但绝不能让他因此失去孩子应享有的童趣。为了让小威特在玩耍中增长知识，他在院子里专门修了一个大游戏场，在上面铺上厚厚的沙子，周围还栽有各种花草树木。由于沙子铺得很厚，下了雨马上就干，坐在上面也不脏衣服。小威特经常在这里观花捉虫，沉浸在自然之中。

此外，应小威特的要求，卡尔·威特夫妇专门为儿子配了一套炊事玩具。尽管他还是一个孩子，但凡是大人要做的事，他什么都想做，尤其对厨房里的活，总是想插手。现在有些父母觉得孩子的这种癖好太琐碎，有些父母甚至对此十分厌烦，觉得孩子将来不会有出息，这实际上是在埋没孩子的天性。卡尔·威特则认为，对于孩子的这种喜好，如果能引导得好，就能使儿童的知识极大地丰富。正是基于此，小威特的父母给他配备了一套炊事玩具。

小威特的母亲虽说不如丈夫那么出名，但她与其他母亲也不一样，她不是把炊事玩具拿给孩子就撒手不管了，而是乐意借此进一步开发孩子相关方面的潜能。她习惯于一边做饭，一边耐心地解答儿子提出的各种问题，并且还监督小威特，让他用炊事玩具学做各种饭菜。有时候，她还让小威特当“主妇”，自己当厨师，向小威特请示各种事情。如果小威特对下达命令不得要领，那就会失去当“主妇”的资格而被降为厨师。这时，重新成为主妇的妈妈就发出各种命令。如果小威特还是没做好，比如拿错了作料，那么接下来他就连厨师也当不成了，只好被“解雇”了。

此外，夫妇俩还为小威特做了许多形状各异的木块，让他用这些木块盖房子、建教堂、修塔、架桥，甚至筑城。由于建筑游戏需要游戏者仔细动脑筋，因此它非常有利于孩子的智力开发。

除此之外，有意义的阅读，尤其是带有游戏元素的阅读，也不失为一种好办法。比如，父母可以给孩子选择一些有创意的绘本或漫画，并且抽时间和孩子一起阅读，适时提问，及时引导，孩子的想法势必会更加灵活，同时也必然会与父母越来越合拍。

和孩子一起开家庭会议

为什么有的孩子很难交到朋友？为什么有的孩子走到哪里都被孤立？为什么有的孩子跟父母也不合拍？通常来说，这与父母从来不考虑孩子的感受，孩子从小在家中没有话语权有一定关系。

有教育专家指出，父母凡事做主，说一不二，没有话语权的孩子会不可避免地感到失望与愤怒。长此以往，孩子的情绪无处发泄，就会成为窝窝囊囊、沉默寡言的“闷葫芦”，或者凡事一副事不关己高高挂起的态度。因此，家长们可以试着召开一些家庭会议，利用会议的氛围与仪式感，从小培养孩子的主人翁意识和合作精神。

首先，家庭会议是孩子说话和发声的小窗口，在这里，孩子可以被倾听，可以参与到交流甚至是解决问题的环节中，在这种平等民主的氛围下进行的教育，无形中对孩子是一个良好的熏陶。孩子思考问题、组织语言、积极参与的能力都会得到锻炼。而且，在这种情况下，孩子也很容易感受到来自父母的重视。

其次，家庭会议是孩子成长的小通道，通过家庭会议上讨论的各项问题，孩子可以逐渐熟悉家庭结构，了解家庭成员各自应尽的责任与义务。在一个正常且完整的家庭里，需要考虑家务、财务预算、日程安排和生活方式等。熟知这些事务，可以为孩子以后离开父母、自立门户、更好地适应社会打下坚实的基础。

最后，当孩子的想法得以表达之后，情绪也得到了疏导，孩子的心理会更加健康，家庭也会更加和谐稳定。

我们来看一个案例：

当，当，当……

8点钟刚到，小明就赶紧召集父母和奶奶，一起召开每月一次的家庭会议。

作为本次家庭会议的主持人，小明首先学着电视里主持人的样子，说了一段开场白，然后真诚地询问："爸爸，你对我这个月的表现满意吗？"

"嗯，非常满意，只是你今后放学回家时，尽快洗个澡，好吗？可能是由于天气太热，你总是抱怨自己浑身痒，影响你的睡眠。"

"嗯，好的，谢谢你的提醒！"小明一边点头，一边在会议本上写下了"勤洗澡"三个字。

"我说说吧，"第二个发言的是妈妈，"我也不知道为什么，这段时间总有一股莫名的烦躁。"

"可能是因为你长时间待在家里，照顾咱妈，忙里忙外，很少外出散心的缘故。这段时间我的工作很紧张，也没时间陪你。这样吧，下个星期天，我们一家人去郊游好吗？"爸爸说。

"你的建议太好了！"妈妈开心地说。

于是，一家人又开始讨论起下周末的郊游计划。

这样的家庭会议，这样的民主交流，会有哪个孩子不喜欢呢？反过来说，那些专制的家长与粗暴的命令，不会有一个孩子会发自内心地喜欢，一不小心还会激起孩子的逆反心理，下面案例中的主人公就是其中的代表：

一个周末，小华在家里一边吃零食一边看电视，等爸爸回来时，桌子和地板上已遍布垃圾。

"你看看你把这地板造的！这么大了，也不知道收拾收拾，整天就知道吃！"爸爸没好气地对小华说。

"不就是几个包装袋吗？不是很脏啊！上次你在家的时候，地板比这还脏，你都说可以等明天再打扫的。”

“你这孩子，怎么这么跟爸爸说话，爸爸忙着工作，这有可比性吗？赶紧把电视关了，打扫卫生！”爸爸的口气非常强硬。

小华听后很不高兴，出于少女的任性，她电视也不关，更没有打扫垃圾，而是自顾自地回了房间。

“你！”爸爸站在原地，发作也不是，不发作也不是。

其实，小华并不是邋遢大王似的孩子，她本想吃完手中的零食就打扫卫生的，可爸爸却提前回来了，并且以不容商量的语气命令她，令她十分反感，所以她才选择了跟爸爸对着干。如果爸爸能像妈妈那样，能以温柔且商量的口气平和地跟她说话，她一定会愉快接受的。

生活中不乏小华的爸爸这种强势父母，他们习惯性地认为孩子就应该听命于家长，就应该听从自己的吩咐和要求，不仅不习惯征求孩子的意见，而且对孩子明确表达的不满也置若罔闻，强行压制。结果也往往像小华的爸爸一样，引发孩子的反感。同时我们也不难想象，如果小华的家庭有像模像样的家庭会议，并且爸爸妈妈民主温情，当小华的爸爸在家庭会议上委婉地对小华提出诸如“注意家庭卫生”等建议，小华是一定不会强力抵触的。

现实生活中，有些父母虽然征求了孩子的意见，但也只是象征性地问问孩子。很多时候，父母会觉得孩子的意见不成熟，最终还是主观地按照自己的意见去行事，而将孩子的意见弃之不顾。结果，让孩子觉得自己的意见得不到重视，最后也懒得参加这种形式性的“家庭会议”。

孩子是家庭中的一分子，有权利参与家庭大事的讨论，而参与讨论又可以带给孩子不少益处，父母何乐而不为呢？

最好的小班在家里

说到小班授课，最著名的莫过于美国芝加哥大学，它的核心课程基本上都是小班授课。芝加哥大学也有上千人的大课，但是大课在讨论时间也会分成很多小班，有很多博士生作为助教。比如有一门“财富、权利、美德”课，是由芝加哥大学的院长亲自授课，选修的学生多达千人，需要将近30个博士生作为助教，每个助教带两个小班，每个小班20人左右。助教要每周带领两个班的学生，分别讨论一次，而且所有的助教每周要和主讲教授开一次碰头会，汇总各个小班的问题情况，并讨论下周的课程安排。这种小班培养，可以保证每个学生都受到关注，学生们怎么可能不成为精英呢?

但我们在这里讲述这些事实，是为了提醒家长们，最好的小班授课，同时也是最重要的小班授课的课堂，不在某某网校，也不在芝加哥大学，而是在自己家中。

正所谓“父母是孩子最好的老师”，最好的亲子教育，势必不能由父母之外的人主导与替代。当然，事情也不是说说那么简单。在进行“家庭小班授课”的过程中，父母一定要了解以下5个关键词。为了方便记忆，我把它们归纳为家庭教导的五大导师，即“辅导”“指导”“引导”“教导”与“主导”。

先说“辅导”，这个词的意思，就好比是过河时主要倚靠的是孩子的脚和腿，而家长需要做的只是在关键或是危险的时刻“牵”他一下、

“拉”他一把而已。但是，大多数的家长并不知道这一点，好像家长的给予是在满足家长想给的这个需要，而不是针对孩子的真正需要。很多家长都在无意识中，自以为是地给予了孩子很多，也都在一厢情愿的爱护中，伤到了孩子的自立能力与自我成就之心。

再说“指导”，在孩子成长的过程中，需要必不可少的指导，但如果指手画脚得太多，就会导致孩子依赖性的强化和自我能力的弱化。所以，家长在给予孩子指导的时候要掌握好分寸。如何才能做到恰到好处呢？除了用心，并没有一个相应的公式，家长们只能自己摸索。

接着说“引导”，这个词好比领着孩子走路，也就是说，孩子在成长的过程中会形成自己的“主见”和“能力”，这些已经形成的能力会指导他自己好好走路。只要家长给他提供好的滋养，人是有向上和向善本能的动物，孩子就会像植物一样向着阳光生长。作为家长，又何必事事躬亲呢？

然后说“教导”，这个词实际上已经有一点点居高临下和强迫的苗头了。牛不喝水不能强按头，所以孩子不是不可以教导，也不是不应该教导，只是在教导的过程中，一定要考虑孩子内心的感受。

最后说“主导”，这个词多少有点儿“主宰”的意味，有点儿强迫孩子学习，甚至让孩子为自己学习的意思。显然，这不够理性，过于天真。家长们要知道，孩子绝对不是大人想怎么掌控就怎么掌控的。如果大人想主导孩子的思想或者是生活，那么孩子将不再是独立的个体。他们或许暂时会很听话，但未来一定会比那些不听话的孩子更令家长头痛。

了解了这“五大导师”以后，还需要掌握一些交流的艺术。

比如，家长可以每天找机会跟孩子聊聊学校里的情况，每周可以定期和孩子一起做些有意思或有意义的事情，比如做饭、逛街、打球、看电影等，一边做事情，一边交流。当孩子发表异议的时候，家长不要急于反驳，要先听他把想法表达清楚，然后再针对他的观点和他进行交流。

要始终牢记，你想要的是孩子与你合拍，而不是各执己见，互相对立。所以父母不要一上来就把自己的旋律或节奏强加给他，可以先找到他的兴趣点与兴奋点，尝试着与孩子合拍，你才有可能在不知不觉中，把他引入自己的节拍。

第八章

培养孩子的合作意识

在现实生活中，有些孩子性格畏缩、躲避、爱哭泣、不敢与人接触，从根本上说，这与他们的家庭影响有很大的关系。这些孩子的爸爸妈妈或者爷爷奶奶等监护人怕自己的孩子吃亏，对其过分保护，从而使孩子养成了胆小怕事、遇事退缩的性格。还有些家长不明事理，不管发生什么，第一时间想到的就是“护犊子”，蛮不讲理，这类家长首先要面对的不是如何培养孩子的问题，而是先完善自身的问题。

注意培养孩子的交往能力

有一次，我和朋友带着她的孩子小丽一起去商场。路上，小丽的妈妈遇到了老朋友，寒暄之后，发现孩子并没有跟老朋友打招呼，马上引导孩子说："小丽，你好像忘记什么了吧？"小丽显然意识不到自己该说什么。小丽的妈妈只好指着朋友说："这不是李阿姨吗，去过咱家好几次的。"小丽听了妈妈的话，害羞地低下了头，但还是没有说什么。小丽妈无奈地对朋友说："也不知道这孩子怎么了，看到人也不知道打招呼，性格还这么内向，在学校也不愿意与人交往。"

后来，我们经过交流才知道，始作俑者不是别人，正是小丽的妈妈。小的时候，小丽的妈妈只希望小丽学习成绩好，除了学习，其他什么活动都不让小丽参加。家里来了客人，小丽刚跑到客厅，妈妈就让她回自己房间做功课。小丽想找小区的小伙伴去玩，妈妈也喜欢干涉："有什么好玩的？在家看书吧！刚给你买的书还没看呢！"时间久了，小丽一见人就畏畏缩缩，甚至连一句话都说不出来了。

像小丽这样的孩子并不是个案。在现实生活中，有不少青少年性格孤僻，害怕与人交往，躲在自己的小世界中顾影自怜。另外，数据显示，有至少三分之一的青少年觉得自己孤独。如果不及时引导，或多或少都会导致他们在人际交往方面出现障碍。

与人相处的能力是一种综合能力，它包括很多因素，家长们要从小有意识地引导和培养孩子。比如从小多让孩子和其他小朋友一起玩，这不但能够在游戏中锻炼他的团体合作意识，还能够训练孩子对人际关系的协调处理能力，孩子的性格也会变得开朗活泼，容易与人相处。

一个交往能力不强的孩子，其他能力的发展也必然会受到影响。对此，教育专家给出了以下建议：

（1）尽量为孩子扩大交往的圈子，使孩子除了家庭以外，能够和更多的人交流、交往，如伙伴、朋友、同学、老师、亲戚等。

（2）尽量将孩子视为一个个体，平等地看待孩子，努力培养孩子独立的人格。需要注意的是，这个过程要顺其自然，不可强制规范，不然只会适得其反，对孩子极为不利。

（3）从小培养孩子自律的能力，这样有助于孩子和别人相处。

（4）除了和孩子进行语言上的沟通以外，也可以尝试和孩子进行一些其他方式的对话，比如一起做亲子游戏等。

举例来说，美国前总统克林顿能成功竞选，正是由于他拥有过人的人际交往能力，因此赢得了众多高知名度的朋友，而这些朋友在他的竞选过程中扮演了举足轻重的角色，起到了不可估量的作用。这些朋友包括他小时候的玩伴、他在乔治城大学与耶鲁法学院上学时的同学，以及他当学者时的旧友等。美国石油大亨洛克菲勒在总结自己的成功经验时也曾说："与太阳下所有的能力相比，我更关注与人交往的能力。"

我们再来看一个生活中的小例子：

希希很小的时候，爸爸妈妈因为工作很忙，便把他带回乡下由爷爷奶奶照顾。一连过了几年，等到希希要上幼儿园时，妈妈才痛下决心，把她接回到身边。刚到父母身边的希希总是哭着要爷爷奶奶，不哭的时候则表现出胆怯内向的一面，这让希希的妈妈很担心。

第一次带希希去幼儿园时，希希一直躲在妈妈身后，不敢跟老师、同学打招呼。即使过了一个月，希希在幼儿园里还经常一个人趴在桌子上发呆，很少跟其他小朋友玩。

为了能让希希融入这个幼儿园生活，希希的妈妈开始想办法。最后，她采纳了老师的建议，那就是带希希去小朋友家玩，或者邀请希希的小朋友来家里玩。她想，邀请希希的小朋友来家里玩，人家可能会不愿意，会婉拒，所以不如直接去希希的小朋友家。希希最初很不愿意，妈妈就鼓励她说："希希不要怕，去小朋友家玩是很有趣的，而且妈妈跟小朋友的妈妈是好朋友，当年也是同学呢！很欢迎我们呢！"希希还是很不情愿，但最终跟着妈妈去了小朋友家。一回生，二回熟，就这样，慢慢地，希希跟班里的大多数孩子开始了真正意义上的认识。小朋友们在幼儿园玩的时候，也总是叫上希希一起玩。有时间的时候，希希的妈妈还不断地邀请希希的小朋友到家里玩，希希与人相处的能力越来越棒。

总之，没有人天生孤独，也没有人喜欢孤独。每个孩子都希望自己有很多朋友，但孩子们的心理还不太成熟，还不足以解决和朋友交往中出现的所有问题，这需要父母进行引导与帮助。这不仅仅是孩子成长的需要，也是为孩子的未来播下一粒有益的种子。

鼓励孩子多与人接触

社会学家说，“人是群居的动物”。不错，一生中，我们不可避免地要与他人打交道，也不可避免地要遇到各种各样的人。有的人也许只有一面之缘，有的人却会成为我们终生的朋友。如果一个人从小就害怕与人交流，那么很显然，其性格、学习、事业与生活都会遇到很多阻碍。因此，让孩子学会与他人交往，对孩子的成长及个性完善具有重大的意义，做父母的要从小鼓励孩子多与人接触。

不过，孩子在整个幼儿时期都很难摆脱以自我为中心的个性，他们也很难站在别人的角度看待问题，并且会认为自己的想法就是别人的想法。正因为如此，才更需要家长们及早介入，培养孩子与人交往的习惯。

那么，怎样着手培养呢？一般而言，孩子眼中的朋友就是和他们一起玩的人。如果我们问孩子“为什么某某是你的好朋友”，他们的回答也多半是“因为他经常和我玩”。我们可以有意带孩子找邻居家的同龄小朋友们一起玩，让孩子们在一起，慢慢体悟一些交往技巧，然后再想办法扩大孩子的交友范围。

在这个过程中，家长们要明确一点，孩子与人交往的过程，不仅是孩子自身性格变得更加完善的过程，同时也是家长们不断自我完善的过程。为什么这么说呢？且看下面的案例：

5 岁的小豪人如其名，性格开朗，喜欢交朋友。有一次，他和妈妈去野餐时，在他们的营地旁边有另一家人。小豪看到他们家也有一个小朋友，社交能力马上开始展露。他向小朋友挥手示意，那个小朋友看到有人挥手，也兴高采烈地回应着。两个孩子就这样挥来挥去，乐此不疲。但是不一会儿，对面小朋友的家长制止了自己的孩子，然后冲小豪叫道：“你敢打我儿子，我就打你！”小豪的父母听了，哭笑不得，赶紧走过去解释一番，才解开了误会。

就像上面案例中展现的，很多家长在理智上都是支持孩子认识新朋友的，但是当自己的孩子和陌生人交流的时候，保护孩子的强烈意识往往会遮蔽家长的理智，于是有些家长会做出一些不恰当的行为。这会在无形中给孩子灌输强烈的防备意识，对于孩子日后与人接触和交往会产生非常不利的影响。父母应该鼓励孩子多与人接触，自己也要有足够宽广的胸怀，像爱自己的孩子一样爱别人的孩子，像理解自己的孩子一样理解别人的孩子。

在现实生活中，我们看到有些孩子性格畏缩、躲避、爱哭泣、不敢与人接触，从根本上说，这与他们的家庭影响有很大的关系。这些孩子的爸爸妈妈或者爷爷奶奶等监护人怕自己的孩子吃亏，对其过分保护，从而使孩子养成了胆小怕事、遇事退缩的性格。还有些家长不明事理，不管发生什么，第一时间想到的就是“护犊子”，蛮不讲理，这类家长首先要面对的不是如何培养孩子的问题，而是先完善自身的问题。

言归正传，对于孩子来说，适合他们成长的小社会中，并不特别强调成年人的出现，因为孩子们对新事物的接受和感知能力是有限的，更适合他们的是不同年龄幼儿间的互动，这对幼儿的智力，特别是思维能力的发展非常有好处。这可以训练他们的思维和表达能力，以及因此感受到的“人气”和“威望”，从而极大地鼓舞他们的信心。

这也是蒙台梭利的一个教育主张——混龄教育。所谓混龄教育，就是想办法让不同年龄段的孩子们一起玩耍，这样能够体现出群体互动的复杂性和层次性。不同的孩子在不同的群体当中扮演着不同的角色，比如说在这里是弟弟或者妹妹，到了另一个群体就是哥哥或者姐姐，这样的身份变化会使他们不断适应和接受新的角色。这些角色变化可以让孩子体验到年幼儿童对年长儿童的尊重、敬畏、钦佩或嫉妒，同时还能体验到年长儿童对年幼儿童的关心、爱护或轻视等，这些复杂的情感体验能给孩子带来巨大的冲击，能锻炼孩子各方面的能力，这对于他们的成长来说是一笔不可多得的财富。

和孩子一起参加活动

陪伴孩子及与孩子互动的过程，就是教育孩子的过程。家长应该抓住每一次和孩子共同参加活动的机会，教会孩子更多的技能和本领。可是，有的父母，在陪伴孩子方面，无论是时长，还是质量，都远远不够。

举个实例来说，如果有一天，你的孩子在学校要参加球赛，邀请你观看，你会请假或抽出时间去参加吗？一些家长可能会认为，这只是孩子的一次比赛，去不去没有多大的关系，更不必为此请假，毕竟公司要扣钱的。其实，这种想法就算不完全错误，也基本上是错误的。不少教育专家之所以不厌其烦地建议父母积极参加孩子的活动，是因为参加这类活动本身是对孩子的肯定，这种肯定是对孩子最好的激励。如果家长们希望自己的孩子能够养成持之以恒的品质，掌握其他与学习、生活、工作相关的技能，就要积极参与孩子的活动，并且在这个过程中带着饱满的热情，对孩子加以指导和鼓励，为孩子树立榜样。

自从孩子上学以来，比尔先生从不曾缺席自己的孩子约翰参与过的每一项活动：小镇篮球联赛、校运动会、学生音乐会、话剧表演——即使儿子只是演一棵树。比尔先生是一名牙医，他对运动一窍不通，对音乐也不感兴趣，但约翰偏偏对这些都感兴趣。比尔先生也远比普通人更忙，但不管多忙，他都会努力抽出时间去为儿子加油。

最近一段时间，约翰迷上了制作遥控飞行器。为此，他甚至办了寄宿，专心地在学校里研究、试验。每天，他都会给爸爸打电话，报告自己的新进展：他的飞行器反应更灵活了、飞得更远了……一天，儿子打来电话："爸爸，明天下午就开始比赛了，来给我加油吧！"比尔兴高采烈地回答："太棒了！我明天一定准时去。"

第二天，比尔像以往那样，安排好顾客，把诊所停业一天，一心一

意地为儿子加油。上午，他跑到书店里，给儿子买了几本遥控飞行器方面的书，又给儿子买了一组昂贵的飞机模型。下午，比赛开始前，他提前赶到学校，给儿子临赛前的鼓励。

遗憾的是，约翰那天并没有取得好名次，面对专程赶来的爸爸，他有点儿惭愧。这时，比尔先生拿出自己准备好的礼物——书和模型，递给儿子，然后用玩笑式的威胁口吻说："小子，看到了吗？这么贵的书和礼物都买了，你要是敢因为一次小小的失败就放弃，我绝对饶不了你！"约翰大笑着接过礼物："什么放弃呀！等着吧，下次第一名就是我！"短短的几秒钟，他已经完全振作起来了。

当然，也有些家长总认为让孩子一个人玩就可以了，自己已经累了一天，哪有心情和时间陪孩子玩呢？其实，爱玩是每个孩子的天性，很多父母能够不过分限制孩子去玩就不错了，能和孩子一起玩的父母却不多。许多父母总觉得玩是孩子的事情，和自己没有多大关系，自己还有更重要的事情。其实，孩子从内心里需要父母做他们的游戏伙伴，和他们一起玩游戏。这不仅能满足孩子们的情感需要，还能促进孩子的心理发展。

有不少家长，一旦忙起来，就会用"我很忙""我还有很多事情做"这样的话来敷衍孩子。其实，家长们忙是正常现象，假如能忙里偷闲，陪孩子玩耍一会儿，和孩子多多相处，不仅对亲子感情大有好处，更重要的是，这也是孩子接受新事物、学习新知识的最好方式，家长自己也能从中得到慰藉与调剂。

我们讲一个名人的例子——笛卡尔。

笛卡尔是实验科学方法论的创始人，他的思想对整个世界的影响都很大。笛卡尔能取得这样大的成就，与童年时候的家教是分不开的。

笛卡尔小时候很喜欢玩搭房子的游戏。他的父亲认为，孩子玩这种游戏，能同时锻炼他的形象思维能力，而且在玩这种游戏的时候，孩子的手脑并用，动手能力会大大提高。因此，每当笛卡尔玩搭房子游戏的时候，父亲会给予他很多帮助。他经常会引导笛卡尔利用现有的模型、图画去想象，同时还为他讲一些有关结构建筑的基本知识和基本方法，告诉他怎样将木块铺平、怎样去延伸、怎样达到合理的受力效果等。这样的游戏训练了笛卡尔的空间认识，同时也使他学会了有计划、有步骤地进行设计，在玩的过程中很有成就感。

总之，真正科学的家庭教育，就是将知识融入孩子的游戏之中。因为对于孩子而言，玩就是学习，学习就是玩。对于孩子来说，玩是最快乐的事情，他们每天都是一边玩耍一边学习。如果把游戏当成孩子学习的一种方式，孩子在玩的过程中就能锻炼肢体、发展动作、促进记忆、开发智力、培养情感、认识世界。家长应以专注的精神很投入地和孩子一起玩，家长真正投入的时候，孩子才会真正感受到开心。应付的态度只会让孩子扫兴，甚至会引起一些不愉快。

培养孩子与人相处的技巧

早在幼儿园阶段，细心的家长就会发现，有的孩子能够很开心地和别的小朋友一起玩，有的孩子却不能。有的家长对此很重视，有的家长认为孩子大些这一问题自然会改善，还有的家长则认为孩子只要学习好，人际关系并不太重要。其实，后两种想法都不对。发现问题就应该及时去解决，拖延不决或不以为意，只会让问题越来越严重。

我认识的孩子当中，有一个叫婷婷的女孩子，今年上初中二年级，学习成绩很优秀，门门功课 90 分以上。长得也很漂亮，大眼睛，瓜子脸，身材匀称，亭亭玉立。这样的女孩子，按理说应该在班级里很受欢迎，可是在学校里，她却很少有同学愿意跟她一起玩，她吃饭、回家也都是独自一个人。家长很纳闷，老师也很纳闷，通过询问班级里的学生，才知道大家为什么不愿意和婷婷一起玩。

“她说话很不礼貌。”

“她太霸道了。”

“她老是自作主张。”

“我问她问题，她很看不起我的样子。”

老师觉得应该帮助一下婷婷，但婷婷的母亲听了上面这些原因，表

现得很生气：“现在这些小孩，人际关系还挺复杂的，我们婷婷还不愿意和他们玩呢，我们学习那么好，将来会比他们差吗？”

这其实不是婷婷母亲一个人的想法，很多父母都有这样的想法，只是不轻易流露出来而已。孩子学习好，固然是好，但学习再好的孩子，如果不懂得如何与人交往，即便他是神童，也不会有太大的成就。不仅如此，他们还往往因为处理不好人际关系，失去原本属于他们的机会，从而痛苦不堪，愤愤不平。

我们接着讲婷婷的故事：

和婷婷同班的圆圆，学习成绩一般，长得也很普通，平时却是班里最受欢迎的女孩。这让婷婷很不服气，但也不以为意。不久，换了新班主任，这位老师是从国外留学回来的，他仿效西方搞了一个小活动，让大家评选“班级最美女孩”。婷婷本以为非自己莫属，但很多人把票投给了圆圆，落选的她更加不服了。

“她有什么好呢？学习成绩不如我，长得也没有我漂亮。”婷婷悄悄对自己的同桌说，埋怨大家没眼光，还想找班主任评理。

没想到同桌说：“你还是别找班主任了。我也把票投给圆圆了。”

“为什么？”

“因为她很讲礼貌，经常帮助大家，就算她自己的学习成绩不太好，可只要是她会的题目，你去问她，她一定会很谦虚地给你讲。最重要的是，她从来都不说任何人的坏话，要是有谁取得了好成绩，她一定会真心地夸奖。”

婷婷越听越不耐烦，就把头转了过去。

“你看，圆圆就不会像你这样有这种表情。你成绩是好，可是当别人请教你问题时，你总会不由自主地流露出一种别人都很笨的表情。你虽然比圆圆漂亮，可是你从来都不会欣赏别人，只会欣赏自己。最糟糕的是，你从来不懂得尊重别人，霸道无理而又任性。我是你的朋友，才说这些话，听不听由你。”

听了同桌的肺腑之言，婷婷不好意思地低下了头。

如前所述，孩子的很多问题，根子大都在父母身上。所以，父母一方面要改正自己不正确的观念，拓宽自己的心胸，提高自己的思维层级；另一方面也应该告诉孩子一些与人相处的原则和技巧，教他做一个受欢迎的孩子。

首先，父母应该告诉孩子的就是尊重别人。尊重别人，是与人交往的基本常识。在孩子的世界里，尊重别人往往都体现在一些小事上，比如不嘲笑别人的缺点、不歧视别人的残疾等。教会孩子尊重别人，别人才会尊重你。父母在这一点上也必须以身作则，别的不说，平时在家中，与孩子之间就应该互相尊重。

其次，父母应该教孩子懂礼貌。所有的人都喜欢有礼貌的孩子，不喜欢粗鲁的孩子。父母应该让孩子懂得如何有礼貌地与人接近，比如引导孩子跟玩伴说：“我跟你玩好不好？”“我们一起做游戏好不好？”

最后，教孩子经常赞美别人，并努力学习别人的优点，这既能为孩子赢得友谊，也能让孩子更好地成长。

第九章

培养孩子的自律能力

调查显示，那些不能自控的孩子，要么是完全没人管，要么是从小被管得太严的孩子。相比较而言，后者的比例更大。究其原因，就在于他们从小没有自己的空间，因此一旦有机会，就会尽情地放飞自我。对于他们来说，自由实在是太难得了。所以一旦自由了，就会想着去尽情做自己平时想做又不敢做的事。反过来说，如果你一直让他自己选择，他就不会觉得偶尔一次的自由多么宝贵，就能理性地对待自己的行为，慢慢学会自我控制。

过度管控的孩子学不会自控

哲学家卢梭说："人是生而自由的，却无往不在枷锁之中。"所以，每个人都对自由有着热切的渴望，没有人喜欢自己的行为被人限制。限制太多的话，就会激起反抗。孩子也是如此，如果父母很严厉地控制孩子的行动自由，孩子也会想方设法地摆脱控制，或者"上有政策，下有对策"，和父母斗智斗勇。时间长了，必然是两败俱伤。

我们来看一个小例子：

斯羽的母亲一直想把女儿培养成钢琴家，在斯羽很小的时候，每天放学回家后，就要杜绝一切娱乐活动，把所有精力都用在练琴上。看到别的小朋友在小区里开心地玩耍，斯羽羡慕得不得了。

有一个周末，斯羽实在是太想下楼玩了，就猛练了一阵，然后对妈妈说："妈妈，我就下楼玩 10 分钟。"妈妈一想也就 10 分钟，于是允许了。

可是，等了半个小时，斯羽还没有回来练琴。妈妈怒不可遏，下楼把斯羽找了回来，边走边抱怨："你这孩子怎么没一点儿自控能力呢？说好的 10 分钟，现在都半个小时了——以后想都别想下楼玩！"

就像斯羽的母亲一样，我们经常可以听到很多父母发出类似的抱怨：让他出去玩一会儿，结果玩了半天都不知道回来；遇到喜欢吃的东西，就吃个没够，不吃完绝不放下筷子……这样的现象确实不少，不过父母们也该反思一下自己的教育：是不是因为自己管得太严了，孩子才会这样？

调查显示，那些不能自控的孩子，要么是完全没人管，要么是从小被管得太严的孩子。相比较而言，后者的比例更大。究其原因，就在于他们从小没有自己的空间，因此一旦有机会，就会尽情地放飞自我。对他们来说，自由实在是太难得了。所以，一旦自由了，就会想着去尽情做自己平时想做又不敢做的事。

反过来说，如果你一直让他自己选择，他就不会觉得偶尔一次的自由多么宝贵，就能理性地对待自己的行为，慢慢学会自我控制。

中国台湾的著名漫画家朱德庸，非但从来不限制孩子玩耍的时间，而且总是担心孩子在学校学习的时间太多，没机会出来玩，于是常常请假带着孩子周游世界。可是很奇怪，他的儿子似乎并不喜欢这样放纵自己。有一次去欧洲，爸爸玩得很开心，孩子却哭了起来。问他为什么，他说：“爸爸，我想回学校上学。”

很多教育学家也提倡孩子要在宽松的环境中成长，并从专业角度深入地探讨了孩子的天性发展与成长环境之间的关系。简单来说，当你放开手让孩子成长的时候，他是不会像你想的那样漫无目的、毫无纪律的，在他的内心乃至基因中有一套自我发展的规律，他会听凭这个规律去学习、说话、排队等。如果我们压制或者想人为地调整这个规律，就会破坏孩子的成长。

每个父母都希望自己的孩子健康快乐地成长，那就不妨给孩子留些自由选择的空间。有很多事情，家长的监督与引导是必要的。而很多事情的决定权，则完全可以交给孩子自己。比如，自己选衣服，自己决定零花钱的支配，自己决定吃饭的多少，自己决定几点做作业、什么时候玩，等等。

网上有这样一个小案例：

小卿是家里的小公主，爸爸妈妈从小对她很宠爱，几乎替她安排好了所有的事情，小卿似乎也习惯了这种模式。

可是，刚刚升入初一后，小卿就向妈妈宣布："从此以后我要自己挑衣服，不穿妈妈买的衣服了。"这让妈妈很不高兴，也很担心，害怕女儿选一些非主流的衣服。

"还是妈妈替你选吧，妈妈还是很有眼光的。"妈妈想说服女儿。

"不，你要选，你就自己穿。"小卿一口回绝了。

"你一个小孩，知道穿什么样的衣服好吗？"妈妈不甘心。

"我自己喜欢的就是好的。"小卿不甘示弱地说道。

"你要是选那些奇形怪状的衣服，我是不会给你买的。"妈妈下了最后通牒。

"放心，我会对自己负责的，难道我会把自己打扮得像个外星人？” 小卿没好气地对妈妈说道。

妈妈吃惊地望着女儿，忽然意识到自己的小公主已经长大了，对事情也有自己的看法了，也是时候给她一些自由了。

其实，每个人都是一个独立的个体，孩子到了一定年龄，会迫切地希望自己的事情自己做主。一般来说，当孩子有了这样的意识时，孩子的责任感也开始发展了。二者是相辅相成的。给他一定的自由，孩子才会学着自我控制。对孩子过度控制，只会让孩子不自在，也学不会自控。

命令不如商量，强迫不如诱导

“小兵，都几点了，你怎么还磨磨蹭蹭的？快点儿，你必须马上起床了，否则我们俩都得迟到，我可没时间等你。快点儿！”

“快点儿，马上把牛奶喝了，然后背上书包，咱们马上出发。”

“小兵，快点儿帮爸爸倒杯水，然后帮爸爸拿把椅子过来。听见了没？你还在干什么？我说话你没听到啊？快点儿！”

“都放学这么久了还不写作业，非得点灯熬油地写吗？快点儿，迅速，马上，不然这个周末妈妈不带你去度假村了！”

小兵爸爸妈妈的家长制意识都比较强，所以夫妻俩经常以命令的口吻对小兵讲话，最常说的就是各种“你必须”“马上去做”“你绝不能这样”等。他们认为这没有什么不妥，殊不知，对于这种说话方式，小兵早就非常反感了，时不时还表现出抵触和叛逆情绪，总喜欢跟家长对着干。

现实生活中，像小兵家长一样的父母并不少见，这些父母喜欢根据自己的意愿安排孩子的行动，动辄发号施令，或是斥责孩子，这非常不妥。孩子虽然还小，但也有自己的独立思想和感情，他们也希望按照自己的意愿安排自己的生活。他们的感受是：父母命令式的说话方式不仅是家长权威的流露，也是双方地位不平等的表现。

所以在家庭中，父母应多与孩子沟通，少用发号施令的说话方式，否则不仅无法令孩子信服，还很容易激起孩子的叛逆情绪。

可能父母会觉得，对孩子发号施令是父母的权利，命令孩子做事情也是理所当然。但是，孩子终有一天会长大，当他们有了独立自主的意识，积压已久的反感就会爆发，会更加不愿意听父母的话。有的父母为了维护自己的面子，会进一步强迫孩子做某些事情，这样的话，孩子与父母之间的对抗就在所难免了，亲子关系势必大受影响。

教育孩子不仅要讲究技巧，还需要相应的智慧。具体来说，要把握好以下两点：

首先，在生活中，家长如果要求孩子做某事或者快点儿行动时，可以试着改变命令式的口吻，而采用商量的口气。因为不管在什么条件下，命令都是不平等的，而商量的口气则会让孩子感受到平等和尊重，才更有利于拉近父母与孩子间的距离。只有这样，孩子才更容易接受父母的教导，按照父母的要求办事。

其次，父母在避免发号施令的同时，还可以采取一些灵活的说话方式来增强教育和说话的效果。比如，父母在要求孩子办事情的时候可以通过讲道理、表扬、鼓励等方式，让孩子体会到行动的价值；再如，父母在希望孩子立即行动时，可以采用激将法、游戏比赛等方式，激励孩子的行为；等等。

我们应该改变与孩子沟通的方式，不用命令的口气和孩子说话，多从孩子的角度去思考问题，多听取孩子的意见，并且让孩子平等地参与到事情的决策之中，这样，孩子就会乐意接受父母的观点，愿意按照父母的意愿做事情。

帮孩子纠正拖拉的毛病

明代著名学者钱鹤滩的《明日歌》可谓世人皆知：“明日复明日，明日何其多？我生待明日，万事成蹉跎。世人苦被明日累，春去秋来老将至。朝看水东流，暮看日西坠。百年明日能几何？请君听我明日歌！”这首诗七次提到了“明日”这个关键词，通过反复强调，告诉人们：世界上的许多东西都能尽力争取、失而复得，只有时间难以挽留。

为人父母，我们首先要让孩子知道，生命是由时间积累而成的，谁将该做的事无端地向后拖延，谁就是在浪费生命。谁重视时间，时间就对谁慷慨。谁会利用时间，时间就会服服帖帖地为谁服务。

大多数孩子的天性都是散漫的，如果父母引导不当，孩子很容易养成办事拖拖拉拉的毛病，这不仅会让孩子浪费很多大好光阴，还会因此失去很多机遇。

章江今年15岁了，在市中学上初三，他长得虎头虎脑，性格开朗大方，成绩比上不足，比下有余，表面看没有任何烦恼。实际上，他的内心相当孤独，非常苦闷。因为他有一个过于明显的缺点，就是做事拖拖拉拉。他的作业经常只做一半，老师为此没少当众批评他。在生活中，同学们也不愿意跟他合作，因为他干什么事情都是蜗牛的速度，又慢又笨又拖拉，根本就不像一名中学生。

在一次晚会中，大家一起做游戏。章江和几个同学分在A组，结果因为他拖拖拉拉，使得他所在的那一组输得很惨，失去了赢得大奖的机会。同组的几个同学都埋怨他，不愿和他交往了。后来又经历了几次类似的情况，慢慢地，其他同学也不愿理他了，觉得跟他合作既倒霉又没意思……久而久之，他在学校连个好朋友都没有，感到很压抑。

办事拖拉、磨磨蹭蹭是很多孩子的毛病，只不过因人而异，各有差别。

有的孩子因为怕困难，会把艰巨的任务、麻烦的事情拖到最后办，或者寻找借口，一拖再拖；

有的孩子不善于整理环境，卧室、写字桌或个人空间乱七八糟；

有的孩子缺乏进取精神，不愿改变环境，不愿接受新任务；

有的孩子放学后就想尽一切办法拖着不做作业，一直拖到每天的最后一刻，甚至点灯熬油开夜车；

有的孩子遇到棘手的事或考试，就装生病、找借口，企图回避；

有的孩子遇到任何事情都怨天尤人，从不在自身寻找原因；

有的孩子爱吹牛，说起来一套一套的，想法很多，但从不付诸实施；

有的孩子样样拖拉，父母三催四请还是慢吞吞的，让人忍不住扯开嗓门责备他。结果大人发火了，孩子却泪眼汪汪地站在那儿发愣，坐在那儿发呆……

客观地说，孩子有问题是正常的，但如果孩子在中学时期还没有克服掉这种毛病，就有可能形成懒惰的性格，从而碌碌无为，平庸一生。所以，父母一定要引起重视，帮孩子改掉这个毛病。

孩子做事慢或者磨蹭的问题，有的与孩子的性格有关，有的和孩子的生活习惯有关，父母应具体问题具体分析，对症下药，力争药到病除。

父母要想纠正孩子拖拉的毛病，最重要的是让他们学会珍惜时间，懂得“一寸光阴一寸金，寸金难买寸光阴”的道理。在生活或者学习上，要从小引导他们尽量做到今日事今日毕。具体的操作办法是，父母可以帮助孩子把明天要做的事情列一个清单，让他们做完一件事情就划掉一件事情。清单尽可能要把他们必须做却不太喜欢的事情列在前面，并且在每件事情后面写上限定的时间，不给孩子的惰性心理留下任何滋生机会，从而杜绝其散漫拖延的不良习惯。

合理引导讲脏话的孩子

在公共场合，常常会遇到一些脏话连篇的人，这时候周围的人都会很不舒服，会自然而然地流露出鄙夷的神情。如果说脏话的人还是个孩子，就更让人听着难受了。

说脏话是没教养的表现。即便是爱说脏话的父母，也不愿意听到自己的孩子说脏话。有些父母甚至不让自己的孩子和说脏话的小朋友一起玩，爱说脏话的孩子从小就容易被贴上“坏孩子”的标签。

孩子怎么会从最初的一张白纸变得“出口成脏”呢?

也许孩子并不明白自己说的脏话到底是什么意思，最初只是觉得好玩，继而有样学样罢了。也许孩子是受了不良环境的影响，在被人责骂时，不加思考便以牙还牙，这样最容易让孩子养成不良的习惯。不管怎样，只要孩子露出不好的苗头，父母要马上引起重视，正向引导，立即解决。

龙龙和壮壮是同桌，两个小男生平时就喜欢斗嘴。龙龙口无遮拦，嘴巴特别凶，常常会把壮壮气哭。

有一次，两个人一起做值日时，壮壮负责提水，一不小心，人和桶都摔倒了。龙龙看到之后，不但没赶紧帮忙，反而站在一边嘲笑："你笨蛋啊！连走路都走不好，是不是小时候爹妈没教过你走路啊？"壮壮听到之后，很难过地哭了，也气急败坏地回骂了龙龙一句，可是心里还是不好受。

晚上回到家，壮壮还是闷闷不乐。妈妈回来后，他忍不住把学校发生的事告诉了妈妈，并且问妈妈："如果有人骂你，你会怎么办呢？是不是应该回骂别人一句？"妈妈这才明白了壮壮闷闷不乐的原因。

幸好妈妈读过相应的书，她反问壮壮："如果你要送礼物给别人，别人却不接受，那你该怎么办呢？"

壮壮想了想，很认真地回答："那只好收回来。"

妈妈说："那好，同样的道理，当有人骂你的时候，你也可以不接受他的责骂，那样不就相当于他自己收回去了吗？他是在自己骂自己呀！"

壮壮听懂了妈妈的意思："我不接受别人骂我，说明别人骂我，只能彰显他自己没有素质。"

"是的，"妈妈又补充了一句："所以当别人骂你的时候，千万不能回骂别人，因为骂人就是骂自己，说脏话还会形成惯性。也不要因为别人没有素质而生气，那是用别人的错误惩罚自己。当然，龙龙是你的同学，虽然他骂人不对，也要包容他，帮助他改正，知道了吗？"

壮壮的心结终于解开了。

恰如壮壮的妈妈所说的，不加注意的话，说脏话确实会形成惯性。而要想从根本上杜绝孩子说脏话，父母一定要注意以下几点：

（1）父母自己千万不能说脏话，要给孩子树立一个好榜样。很多父母在家时都不注意这一点，动不动就说脏话，并不以为意，有些年轻父母甚至认为"适度"的脏话还是亲昵的表现。孩子耳濡目染，自然也会受到影响，开始说一些脏话。最为可怕的是，孩子有时候还没有意识到这是脏话。所以父母一定要做好榜样。如果父母千叮咛万嘱咐告诫孩子不要说脏话，自己却脏话连篇，让孩子怎么信服呢？

（2）听到孩子说脏话时，一定要马上制止，并告诉他这是非常不好的行为。孩子有时候意识不到自己是在说脏话，他可能只是从别人那里听来的，觉得好玩，就随口说了出来。这个时候，父母一定要温和地告诉孩子，这种行为非常不文明，必须及早改正。但是切记不能因为孩子说了脏话就对孩子进行体罚，这可能会导致孩子从心理上反抗，从而不听从父母的话。

（3）要对孩子的情绪进行合理引导。有些孩子可能是跟同学、朋友等吵架，或者被老师或父母说了几句，心里愤愤不平，脏话就随口而出了。这时候父母就需要注意了，对孩子的这种负面情绪要理解，并加以合理的引导，为他们创造适当发泄负面情绪的条件。比如可以创设悄悄话角，让孩子用语言发泄情感。当孩子感到愤怒的时候，可以让他们来到这个角落，大喊大叫，并舞动自己的手臂，尽情地宣泄一番；或者教孩子通过运动的方式来宣泄感情，既锻炼了身体，又平复了不满情绪，一举两得。

孩子乱扔东西怎么办？

走进不少家庭，都能看到这样一幅景象：沙发上放着玩具，桌子上有很多零食，文具、书本随处可见……这时候，我们很容易就能做出判断：这家有孩子，而且孩子没有养成好习惯。

民间还有句反讽的大俗话："没有公婆夸孝顺，没有孩子夸干净。"好像有了孩子，家里就不可能干净整齐了。其实，只要方法得当，教出一个整洁干净的孩子来并没有多么难。

下面的例子颇有启发意义。

小启今年5岁了，上幼儿园大班。在家里的时候，他总是丢三落四，不停找妈妈要东西，一会儿书本不见了，一会儿铅笔又不见了，这让妈妈很头疼。不过最让妈妈受不了的是，她整天跟在小启后面收拾东西，却依然收拾不过来。

不过妈妈发现，小启在学校里从来不丢东西。每天从家里带去的文具和饭盒，晚上总能完完整整地带回来，也从不会毁坏。孩子虽然还在上幼儿园，但书本之类的东西也不少，教科书、参考资料、试卷、作业本、强化练习册等，也从来没少过。

这让妈妈感到很奇怪："小启，你们在学校是怎么放自己东西的？"

"学校啊，学校里每个小朋友都有一个柜子，上面贴着自己的名字，大家都把东西放在自己的柜子里，其他的东西老师让装在自己的书包里。"

"哦，原来是这样。那妈妈在家里给你设计几个柜子好不好？"

妈妈淘来一个大木箱，里面可以放很多东西。她告诉小启："这是你的魔法宝盒，我们把所有的玩具都放进去吧！"然后妈妈和小启一起，给箱子贴上了好看的包装纸，上面又写着"文房四宝"四个大字。然后，妈妈又说："往后，所有的文具就放在这个魔盒里面好了。"最后，妈妈又从网上买来几个大大的粘钩，粘在孩子房间的门背后，让孩子可以把书包等物品随时挂上去，随手可以取走。

这个方法非常有效，大大缓解了母子俩收拾东西的烦恼，而且它让小启觉得很有意思。于是他又从家里找出几个纸箱，动手做了几个"多宝格"，把自己大大小小的零碎东西都放了进去。他的小世界越来越整齐了。

当然，好习惯不是一天养成的。直到上小学三年级的时候，小启丢三落四的毛病才彻底改正了。不管是自己的东西，还是爸爸妈妈的东西，他都一清二楚，马上就可以找出来。

不过，对于低龄的孩子来说，能力和意识发展还是有限的，因此他们需要家长帮助培养物归原处的习惯。对此，首先，父母要做好示范。比如，当孩子要灰太狼玩偶的时候，家长最好能每次都从同一个地方拿出来，这样孩子就能形成固定概念，在需要的时候就会自己动手拿。如果孩子忘了放回去，家长就要及时提醒他："灰太狼可能想要回家啦！"孩子就能明白话里的意思是要把灰太狼放回到原处，也很愿意把灰太狼送回家。如果家长常常在孩子面前说：“看到我的水果刀了吗？”“爸爸的公文包去哪里了？”“怎么没看到那本小说了？”……这无疑说明家长本身不懂得收拾。父母们想要培养孩子的好习惯，就先从自己做起吧！

其次，父母在培养孩子好习惯的时候一定要有耐心，多鼓励孩子，不要动不动就发脾气。有位心理学家说，一个习惯的培养需要 21 天的重复。家长要给孩子一点儿时间，不能提醒了几次，孩子还没做到就说伤人的话，那只会打击孩子的积极性，对培养好习惯一点儿用也没有。

第十章

放下棍棒，走出误区

古人云“良药苦口利于病，忠言逆耳利于行”，这话没错，但很多父母错误地理解为，只要奉上良药孩子就会吃掉，只要抛出忠言孩子就会执行。这未免太一厢情愿了。从古至今，多少成熟的、智慧的、出将入相的人，也未必能做到，更何况我们的孩子？另一方面，良药其实可以不必苦口，也可以裹着糖衣，而忠言也可以说得智慧而婉转。

打骂不能从根本上解决问题

李林的爸爸脾气有些暴躁，在教育孩子的时候没什么耐心，动不动就对孩子大吼大叫。但李林既没有因此有所改善，也没有因此而服从爸爸的管教，反而变得很叛逆。

有一次，李林因为考试成绩很不理想，再次遭到了爸爸毫不客气的训斥。

“爸爸，老师说家长也不能随便骂人！”等爸爸发作完，李林不满地抗议。

“谁让你不好好学习呢？考不好就得挨骂，下次我还揍你呢！”爸爸大声地吼道。

“你这样做是不对的！”李林有些气愤地说。

“你是我儿子，我就得管你！‘打是亲，骂是爱’，我们都是这么过来的！我打你骂你是为你好，别人我还懒得管呢！”

“我不用你管！你越这样，我越不听！”李林一边说，一边带着哭腔跑出了家门。

生活中，我们经常听到类似的对话。因为时至今日，“打是亲，骂是爱”还是中国不少家长信奉的教育理念。不少父母坚信孩子不打不成器，小树不修不成材，希望孩子一次挨打就会长足教训，记住“前车之鉴”。可事实上，这种教育方式收效甚微，多数孩子并不会因为父母的

打骂而意识到自己的错误，改正不良行为，反而会对父母心生不满。

很多父母认为，打骂不起作用，那肯定是给孩子的教训太轻，所以孩子才没记住。殊不知，这是因为孩子受到了“情绪判断优先定律”的影响。所谓“情绪判断优先定律”，是指当人们遇到问题时，通常会情绪先于理性，先发泄情绪，然后才去处理事情。孩子的理智发展还不健全，几乎完全受“情绪判断优先定律”的控制，当孩子对父母有不满情绪之后，通常会先记住当时的“恐惧”，而忘了对错误的判断与反省，同时还会因为父母的不理解和不尊重而厌恶父母。这就是很多孩子屡教不改、很多家庭鸡飞狗跳的真实原因。

表面上看，打骂确实可以使孩子暂时克制自己不正确的欲望，控制住不正确的行为，但是却不能从根本上解决问题。弄不好还可能使孩子养成说谎的毛病，变得阳奉阴违。同时，打骂会侵犯孩子的人格，并扼杀孩子的个性，还容易使孩子丧失自尊心，变得逆来顺受、畏首畏尾，或者冲动鲁莽，对孩子的个性发展和人生都会产生消极影响。

《白鹿原》是陕西作家陈忠实的名作，凭借这部小说，陈忠实获得了第四届茅盾文学奖。在《白鹿原》里，他塑造了许多具有时代意义的鲜明的人物形象。其中，黑娃作为一个反面人物，让人印象非常深刻。

黑娃是地主白嘉轩的管家鹿三的儿子，白嘉轩对他十分爱护，要求也严格，当他犯了错误时，就像教育自己家的孩子一样，总是严厉地斥责并打骂，希望他从此改过。可是，多年以后，这个在白嘉轩的打骂下成长起来的孩子当了土匪不说，回到村子以后，他做的第一件事就是打断了白嘉轩的腰。

"我恨你从小就挺着腰板教训我。"黑娃对白嘉轩说。

"那是你嘉轩叔爱你，恨铁不成钢！"鹿三哭着对儿子说。

可是，黑娃还是一枪杆子打断了白嘉轩的腰。

现实生活中也有无数事实证明，"打是亲，骂是爱"其实是最大的谎言，这种暴力教育从来就不会让孩子变得顺从、聪明和懂事，只会招致孩子对父母的怨恨。而聪明的父母，在教育孩子的时候也大多懂得"先处理情绪，后处理事情"的道理，他们会试着先处理好自己和孩子的情绪，然后再想办法教育和引导孩子，也只有这样，孩子才会信服和接受。

建议比批评更管用

春荣上小学时，聪明漂亮，活泼乖巧，街坊邻居人见人夸，父母也很欣慰。

但最近一段时间，春荣突然发现，自己竟然有些讨厌妈妈了。因为妈妈总是动不动批评自己，即使当着同学和朋友的面，也丝毫不考虑自己的感受，有时说话还特别难听。为此，她已经和妈妈吵了几次架，母女关系有些紧张。

上个周末，妈妈要求春荣帮自己把一些特产送到姑姑家去，并讲了一堆大道理，诸如“姑姑对你那么好，你可不能没良心”等，可春荣因为提前和同学约好了一起逛街，拒绝了妈妈。

妈妈也不依不饶，当着同学的面批评女儿：“你怎么这么不懂事？妈妈今天要忙着加班，才让你替我去一趟，你太不懂事了！”

“我就不去！我们早就约好了，而且昨天也跟你说了，东西你可以明天再送嘛！”春荣说。

“妈妈明天还有其他事情啊，这么大的孩子了，一点儿也不体谅父母。”妈妈再次批评春荣说。

“我也想体谅你啊，可你每次跟我说话都是这样的语气，还动不动就训人，爸爸就不会这样！”说完，春荣拉着同学走出家门，把妈妈晾在了那里。

古人云“良药苦口利于病，忠言逆耳利于行”，这话没错，但很多父母错误地理解为，只要奉上良药孩子就会吃掉，只要抛出忠言孩子就会执行。这未免太一厢情愿了。从古至今，多少成熟的、智慧的、出将入相的人，也未必能做到，更何况我们的孩子？另一方面，良药其实可以不必苦口，也可以裹着糖衣，而忠言也可以说得智慧而婉转。

从孩子的角度来说，父母们也完全可以将自己对孩子的批评转换成建议。具体来说，有以下的方法可以参考：

（1）在教育孩子之前，父母最好能仔细回想一下孩子的行为，并用描述性的语言记录下来，如孩子当时做出了怎样的举动、表现糟糕的地方在哪里、其中有哪些可取之处和需要改进的地方。父母要保持客观的态度，不能主观情绪化。

（2）父母在教育孩子时，最好能用商量和建议代替严厉苛责。同时，父母还可以多用正面积极的语言来描述孩子的行为等，并且在认同孩子的基础上，给孩子提出建议。在提建议时，父母可以讲自己的经历，也可以激发孩子自我思考。

我们再来看一个具体的案例：

小芳平时学习很努力，积极上进，在班里颇有人缘，新学期开学的时候还被推选为班长，她非常高兴，学习更有热情了。可最近一段时间，她总是没精打采的。

爸爸看到女儿这样，关切地问：“宝贝最近怎么了？好像没以前精神了。”

“嗯，最近出了点儿状况。因为一些小事，还是误会，我跟学习委员闹矛盾了，心情不好，有时心不在焉，影响了学习，期中考试也没考好。老师找我谈话了。”说完，小芳低着头，准备接受爸爸的批评。

爸爸却没有批评她，反而表扬道：“你能认识到自己的问题和错误，这是好事啊！现在最重要的是要想办法补救。既然你知道跟学习委员闹矛盾是误会，那为什么不及时向她解释呢？还有啊，要端正自己的学习态度，努力提高学习成绩，爸爸相信你一定能做好！”

“嗯！”听了爸爸的话，小芳觉得自己的动力满满的。

总之，随着孩子一天天长大，他们越来越需要理解周围世界的规则，越来越需要来自家长的引导。作为家长应该理解孩子，在他们出现错误和困难时，要多给一些建议，少给一些批评，让他们明白更多的道理，同时不会对自己失去信心。

适当的责罚必不可少

珊珊今年5岁了，她是家里的独生女，又非常可爱，所以爸爸妈妈很宠爱她。珊珊也会犯一些小错误，但爸爸妈妈从来都不说她，一般都是告诉她这样做不对、不好就完事了。

有一次，外公外婆来珊珊家，并带着珊珊去博物馆玩。珊珊看见馆里有一个小朋友的玩具很好玩，就跑上去抢了过来。那个小朋友哇哇大哭。小朋友的妈妈赶过来，又从珊珊手里把玩具抢了回去，还大声地呵斥珊珊。珊珊的外公外婆很不好意思，赶紧替珊珊向人家道歉。

回到家，外婆把这件事情告诉了珊珊的妈妈。妈妈很温柔地对珊珊说：“你上次在幼儿园抢小朋友的东西，妈妈告诉过你，好孩子不会抢别人的东西。抢东西是强盗行为，非常不好哦！”

“你是那样说了，可是也没有什么不好的后果啊！而且，我太喜欢那个玩具了。”珊珊说。

“怎么没有不好的后果呢？”

“有吗？我没觉得有。”

这时候，珊珊的妈妈才意识到，自己平时是太溺爱孩子了。

父母都爱自己的孩子，谁也不希望责罚孩子。可是，适当的责罚在育儿过程中很有必要。

首先，适当的责罚会让孩子及时意识到做错事情的后果。每个孩子都会有犯错的时候，犯了错误之后，有一些家长出于疼爱，觉得只要让孩子知道这样做是不正确的就可以了。其实，孩子需要为其错误的行为付出一些“代价”，才会意识到这种错误行为的真正后果。看看故事中的珊珊，她并没有意识到问题的严重性，觉得犯了错误也没有什么大不了的。所以，遇到类似的情况，她就会再犯一次。

其次，只有适当地责罚孩子，才能让孩子真正学会一些规矩，这对孩子学会守规则十分重要。有不少家长给孩子定了规矩，却没有相应的责罚，结果规矩形同虚设。孩子没有对规矩的敬畏心，又何谈守规矩呢?

举例来说，有些家长告诉孩子要按时吃饭，可是当孩子没有按时吃饭，过了饭点儿之后说自己肚子有些饿的时候，父母立马又跑到厨房给孩子做饭，边做饭还边说：“不是告诉你了吗，要按时吃饭。”如果一个孩子即使不按时吃饭，在想吃的时候马上就能吃到，他怎么可能树立起按时吃饭的观念呢?

我们再来看一个具体的案例：

小立已经3岁半了，却总是不按时吃饭，每次都需要妈妈催促，结果还是需要妈妈追着喂饭。这让妈妈很头疼。有一次，妈妈把这件事告诉了邻居张姐，张姐家也有一个小孩。

“那他要是饿了怎么办？”张姐反问。

“再给他做呗。”小立的妈妈无奈地说道。

“你可以这样试试：下次他再不按时吃饭，他要饿了，你就不要再给他做了，饿他一次试试看。”张姐建议道。

当天晚上，小立的妈妈做好饭，让小立吃饭的时候，没有再三催促，只是郑重地告诉他要吃饭了，如果不吃就没得吃。小立像以往一样，不以为然，没有理会。当他后来饿了时，妈妈坚决没有给他做饭，也没有给他热饭，只告诉他以后过了吃饭时间，就绝不会有饭吃，真真切切地饿了他一晚上。结果第二天，小立不用妈妈叫，看到饭菜，就自己赶过来吃饭了。

最后，适当的责罚会让孩子更加坚强。父母总是害怕孩子受到各种挫折、各种困难，可是，挫折与困难却是不可避免的。作为父母，与其白费力气担心孩子受挫折受打击，还不如帮助孩子培养在挫折和困难中坚强面对的心理素质。

惩罚教育是一把双刃剑

有一个成语是“物极必反”，意思是说事物发展到极点后，会向相反方向转化。在教育孩子的过程中，尤其是惩罚孩子时，父母也应该顺应这个简单朴素的真理，不能由着孩子的性子来，也不能一味地加大惩罚力度。

我在一家教育咨询机构任职时，曾经有一位母亲一脸焦虑地问：“老师，你是不知道我们家孩子多让人头疼。这孩子也不知道随谁，总在学校打架。每一次他打完架，他爸就把他暴打一顿，总以为他会改，可是，他爸已经打过他好多次了，孩子也没改。老师，你说怎么会这样？”

“那是因为他爸惩罚他的次数太多了，他都习以为常了。他觉得不过是挨顿打而已，反正又打不死。也没有别的惩罚，一点儿皮肉之苦，这对于喜欢打架的孩子来说根本就无所谓，他们也不会因为挨打真正意识到打架不好，相反还会更喜欢打架。你打他，他不得打谁发泄啊？”我说。

很多家长都会有这样的疑惑：不是说教育孩子应该赏罚结合吗？怎么罚来罚去，孩子就是屡教不改呢？其实，这样的家长多半又是把“赏罚结合”错误地理解成“非罚不可”了。家长应该静下心来反思一下自己，是不是将惩罚当作家常便饭了？如果是的话，那可就太糟糕了。

这是因为孩子在犯错的时候，他们的潜意识里会做好接受惩戒的准备，由于猜不到家长会如何处置自己，所以他们会担心、会焦虑。这种担心和焦虑有助于他们改正错误，他们的潜意识会告诉他们，以后可不要再犯了。因为没有人喜欢不安的感觉。可是，如果家长经常性地惩罚孩子，孩子就会预料到家长的惩罚机制，他们心中的不安会逐渐消失。一旦这种不安消失了，孩子就开始无所顾忌了。

我的咨询生涯中，遇到过一个十五六岁的孩子，他学习不好，还染上了偷盗的恶习。当时他站在我面前，一副桀骜不驯的表情："改了能怎样？不改又能怎样？大不了就是来一顿打呗，没什么大不了的！"

"但你偷东西，本质是不好的。这你得承认吧？难道你没有意识到吗？"我问。

"一开始我确实不知道，我爸也没告诉我这些，他就是会打人。刚开始我还怕他打我，后来次数多了，也就无所谓了。"孩子一脸无辜，孩子的父母一脸尴尬。

显而易见，如果家长经常性地惩罚孩子，不仅起不到教育的作用，还会对孩子的身心发展造成伤害，影响孩子的未来与人生。

科学研究表明，那些在经常性惩罚中成长起来的孩子，要么性格内向，害怕与人交往，总是表现出极其不自信的样子；要么就性格暴躁，具有暴力倾向。

此外，经常惩罚会让孩子对父母产生敌对情绪，从而影响亲子关系的和谐，进而带来一系列不良影响。

有一次，我去朋友家聊天，朋友说自己的儿子学习粗心，生活懒散，还经常闯祸。由于朋友性格比较急躁，父子俩吵了几次架，导致孩子现在遇事只跟妈妈说，不跟爸爸多说一句话。只要爸爸走到他跟前，他就戴上耳机，让爸爸既伤心又愤恨。

也许是说到了痛点，我亲眼看到，孩子又把耳机戴上了。

“你把耳机摘下来。”朋友走过去，生气地命令道，“这位叔叔是这方面的专家，我今天专门让他来帮我管你的，你好好听听！”

孩子装作没有听到。朋友更生气了，从孩子的耳朵上拽下耳机。孩子一激灵，又在第一时间把耳机戴上了。看得出来，他还是有些怕爸爸的。

但是朋友已经忍无可忍了，伸手就给了他一巴掌。

“你干什么？你打死我吧！”孩子大声喊叫起来，妈妈赶紧从厨房里跑出来解围。

“你这孩子，怎么就不能跟爸爸好好说话呢？”妈妈一边安慰孩子，一边问他。

“我就是讨厌跟他说话，他总是不分青红皂白地打我。不管我犯错后想改还是不想改，他就是先打为快！”孩子带着哭腔，在客厅里咆哮着。

朋友听了孩子的抱怨，不好意思地看看我，把头转向了一边。

其实，这样的例子并不鲜见，有些生活经历的人大都遭遇过。为了孩子的成长与未来，家长们不可能不管孩子，有时还会责罚孩子。但千万别忘了，惩罚教育是一把双刃剑，在运用的时候要尽量谨慎，否则，不但实现不了教育孩子的初衷，还会伤害孩子。

如何给孩子好的教育和影响

没有一个家长不想给孩子好的教育和影响，但家长要怎么做，才算给孩子好的教育和影响呢?

其实，没有一个孩子可以一夜成才，也没有任何家长能一下子把孩子教育好。教育的关键词是“耐心”“开明”“引导”与“爱”。马迪·金有首著名的诗歌叫《如果你能记住》，从孩子的视角说出了这些真理。

如果你能记住

如果你能记住
你走一步，我要走三步才能赶上
如果你能理解
我观察世界的眼睛比你的眼睛矮三英尺
如果你在我乐意的时候让我自己试试
而不是把我推到一边或挡在后面
如果你能满怀爱心地感受我的人生
不剥夺我自我决定的需要
那么我将长大、学习和改变

如果你能记住
我需要时间获得你已有的生活经验
如果你能理解
只讲述那些相对我的成熟程度来说有意义的事情
如果你能在我可以时
让我独自迈出一步
而不是把我猛推出去或拉回来
如果你能用你的希望感受我的生活
而不破坏我对现实的感受
那么我将长大、学习和改变

如果你能记住
我像你一样，失败后再试需要勇气
如果你能理解
我必须自己弄清我是谁
如果你在我想要时让我自己寻找自己的路
而不是为我选择你认为我该走的路
如果你用你的爱感受我的人生
而不破坏我自由呼吸的空间
那么我将长大、学习和改变

回到现实，很多家长之所以在教育孩子的过程中出现这样那样的问题，最为核心的原因，就是对“教育”二字的理解还不够透彻。教育不是说教，而是一种影响。家长一板一眼地跟孩子说教，到最后大都是无用功。要想孩子有好的习惯与品质，家长就得先具备这些，否则，家长

自己都做不到，还要求孩子，那能有什么说服力度呢？

再有，很多家长不懂得如何正确关怀孩子，这也是造成教育矛盾的根源之一。关怀孩子不单指让孩子吃饱穿暖，真正的关怀是有效的管理加上温馨的爱护。真正关心孩子，既要从生活上、内心里给孩子充分的爱护，还要帮孩子形成自我管理、自我约束的能力。

还有一点原因，就是所谓的“家长威严”。家长动不动就摆出一副“我是你老子”的高姿态，也是造成现在很多家庭亲子关系紧张的根源所在。孩子都有反抗心理，大人越强迫，孩子就越忤逆。如果大人能放下身段，与孩子交朋友，有些问题也就不会出现了。

第十一章

好言好语好方法

父母批评孩子，无非是想让孩子改正错误。可是，如果不考虑孩子的感受，当众批评孩子，不但不会让孩子意识到自己的错误，可能还会带来一系列的负面效应。对于那些天生比较胆小的孩子，父母当众的批评可能会导致孩子在与人交往中唯唯诺诺、不自信；对于那些自尊心很强的孩子，父母的当众批评，只会激起孩子强烈的反抗。

“等我冷静一下再说……”

心理学家们通过实验发现，人和人沟通的效果，70% 取决于谈话时的情绪，30% 取决于谈话的内容。说白了，很多时候你说什么不重要，重要的是你怎么说。因此，在谈话之前，我们首先要调整好自己的情绪。如果我们面对的是一个孩子，就更应该注意调整好自己的情绪，这样，孩子就不必分心与情绪对抗，而是与我们一起直接面对问题。

相反，家长带着愤怒的情绪跟孩子沟通，只会让孩子很反感，从而与父母对着干。

家庭教育学者成墨初在自己的书中讲过一个案例：

有一位母亲打电话给成墨初，抱怨说：“我为了孩子，付出了一切，每天起早贪黑，任劳任怨，除了上班，还要辛苦地照顾孩子的吃喝拉撒，还有学习。可是这孩子满身的缺点，我每次都大声地给他指出来让他改正，他根本不听，还跟我对着干。成老师，你帮帮我，怎么才能让孩子听得进去？”

成墨初给这位母亲提了一个很简单的建议，那就是当她看到孩子的缺点，并且愤怒地想马上指出来时，一定要忍住，不要跟孩子说话。

这位母亲起初并不理解，但她的执行力很好，结果一个星期之后，她打电话告诉成墨初，“孩子慢慢变得听话了，有一次他还问我：‘妈妈，你怎么不说话了？是不是我哪里做错了，惹你生气了？我以后改就是了。’真让我高兴！”

很多父母在管教孩子，尤其是孩子犯了错误以后，总是怒气冲冲地去说孩子。其实，这时候大多数父母都只是在发泄自己的愤怒情绪而已，不仅于事无补，还很容易说出一些伤害孩子的话，把事情复杂化。

要想让事情到此为止，父母就一定要学会在愤怒时闭嘴。具体来说，有以下几点建议可供参考：

1. 要学会控制自己的情绪，不要带着消极的情绪去教导孩子。带着消极的情绪去教育孩子，会给孩子一种好像自己是父母的出气筒的感觉。一旦孩子有了这种感觉，孩子的逆反心理马上开始发挥作用，亲子大战也就拉开了序幕。

2. 父母教育孩子时，出现了负面情绪，可以先离孩子远一点儿，借机让自己冷静一下，等情绪平静了以后再教导孩子。一般而言，情绪平静下来之后你说出的话会比较客观，而且有效得多，孩子也容易接受。

3. 学会转移自己的注意力。每个人在愤怒的时候都会表现得很固执，会将注意力集中在一点上，紧抓住不放。也正是因为如此，人很容易陷入一种错误的观念中，不能自已。

我的一位朋友既不是育儿专家，也没学过育儿心理学之类的专业，但她从实际生活中悟到了很多育儿技巧。

比如，先前孩子只要一犯错误，尤其是那些屡教不改的错误，她就会很生气，然后就抓住这一点不放，越说越生气，越生气越说。孩子对此很是反感，也听不进去。

有一次，她又训斥起孩子来，孩子实在是受不了了，夺门而出，把她自己留在了屋子里。她看着空空的房间，始终很生气，走不出来，直到她的注意力被放在阳台上的花盆吸引，瞬间情绪好转，才突然醒悟，自己这样做，只是把孩子一个人的错误变成了母子两个人的错误，对孩子改正错误毫无益处。

从那以后，孩子犯了错误当然还是要批评，但在批评孩子之前，她总要先遏制自己的愤怒，去阳台上看一看花，直到心情平复，才回去给孩子讲道理。此后孩子变得越来越容易接受她的批评，而且也越变越好了。

总之，愤怒是魔鬼，情绪化的人首先要说服与改变的是他自己。如果父母们想卓有成效地教导孩子，那就先学会控制情绪，等情绪平静了再去跟孩子沟通。

“我想和你说句悄悄话……”

一次聚会上，一位同行给大家讲了一段亲身经历：

那天，我的一个朋友过生日，他邀请我去他家做客。在朋友的家里，我看见了他9岁的儿子，这是一个看起来很胆小的孩子，说话总是唯唯诺诺。

“去，给叔叔倒杯茶。”我的这位朋友用一种很生硬的口气对儿子命令道，于是朋友的儿子乖乖走到茶桌前去倒茶。

“和孩子说话，可以温和点嘛！”我觉得用生硬的口气跟孩子说话，会让孩子觉得害怕，于是就劝告了朋友一句。

“你也知道啦，我在公司就是这样说话的，一时半会儿改不过来。”我的这位朋友是一家大型建材公司的老总，雷厉风行，说一不二。

不一会儿，孩子端着茶杯小心翼翼地走了过来。可是，快到近前时，还是撞了一下与我同来的一个人，茶水洒了出来，被撞的那人也喊了一声。

“你怎么连端茶倒水这么简单的事情都做不好？还洒了这位叔叔一身水，你知道这茶水有多烫吗？”我的这位朋友当众教训起孩子来。

“算了，小孩子，不小心，也不是故意的。”被烫的那人劝解道。

等大家都坐下来吃饭时，大家发现孩子不知道何时离去了，我找了半天，才在楼道的角落里找到了他，他正蹲在那儿小声哭泣。

“没事吧，孩子？”我轻轻地问他。

孩子摇了摇头，不敢说话。

“孩子，是不是你爸爸刚才说了你几句，你心里难过了？有什么事情你就跟叔叔说，我和你爸爸是大学同学，关系很好，叔叔替你说几句话，你爸爸就不会怪你了。”我试图打开孩子的心结。

“那……你给爸爸提点儿建议，他能听吗？”孩子试探着问。

“能，肯定听，他上学时最听我的话。”

“爸爸每次说我，都当着别人的面，在学校里是这样，在家里也是这样。这让我很怕出错，可还是总出错。叔叔，你能让我爸爸别当着这么多人的面说我吗？”

……

很多父母都会犯故事中的父亲犯下的错误，动辄小题大做，当众批评孩子。要知道孩子也是有自尊心的，这样做会给他们造成很大的伤害。

其实，父母批评孩子，无非是想让孩子改正错误。可是，如果不考虑孩子的感受，当众批评孩子，不但不会让孩子意识到自己的错误，可能还会带来一系列的负面效应。对于那些天生比较胆小的孩子，父母当众的批评可能会导致孩子在与人交往中唯唯诺诺、不自信，就像故事中的那个孩子一样。对于那些自尊心很强的孩子，父母的当众批评，只会激起孩子强烈的反抗。

一位母亲曾跟我分享过自己与儿子的一段经历：

有一天，我去儿子的学校接他，结果看见儿子在欺负一个女同学。这让我很生气，我就冲了上去，在众目睽睽之下，教训了儿子一顿。谁知儿子不但不认错，还狠狠地瞪着我，回到家以后，也不跟我说话。

很长一段时间，儿子都不理我，这让我觉得莫名其妙。有一天，我实在忍不住了，就去问他："你觉得妈妈那天教育你错了吗？"

"是的！"儿子没有一点儿羞愧的样子，理直气壮。

"这么说，你觉得男生欺负女生不是什么丢人的事情，是吗？"我接着问。

"不是，如果你那天回家后，悄悄对我说我做错了，我一定改。可是你呢，却当着众人的面教训我，现在大家都认为我错了，我想改都难！再说了，是她先招惹我的！"儿子大声地吼了起来。

我这才意识到，我可能冤枉了孩子，并且完全没给他分辩的机会。

抛开孩子是不是被冤枉了不说，就算错在孩子，也不能当众批评、教训孩子，因为没有人喜欢让大家都看到自己犯的错误，那只会让人恼羞成怒。因此，当孩子犯错误时，父母应该尽量避免当众批评孩子，可以试着悄悄告诉孩子他所犯的错误，既解决了问题，又降低了影响，孩子肯定会乐意接受这样的批评，进而改正错误。

“这也不完全是坏事……”

很多父母都会遇到这样的情况：孩子很努力地去学习一样东西，可是成绩却不尽如人意，孩子就会觉得很沮丧。这时候，很多父母都是一味地鼓励孩子继续努力，效果却往往事与愿违。

丫丫是我表哥家的女孩，她的妈妈望女成凤，在丫丫很小的时候就给她报了个小提琴班。丫丫很认真地去学习了，可是，每次老师让她演奏的时候，丫丫都很紧张，本来水平就不高，一紧张表现得更糟糕了。

“妈妈，我觉得我天生就不是拉小提琴的料。”丫丫说。

“没有人天生就适合干什么，你要继续坚持，才会有所收获。”妈妈鼓励道。

“可是，妈妈，我实在坚持不下去了。我好烦。”

没过多久，丫丫就开始逃避上小提琴课了。有时妈妈把她送到班上，她会趁老师不注意，偷偷溜出来。她的妈妈跟我讲这件事情时，既想不明白，又无可奈何。

其实，每个孩子在学习新事物的过程中，都会伴随一系列的失败。

这些失败会不可避免地影响孩子的自信心，放弃的念头也随之而来。这时候，父母当然要鼓励孩子，但如果只是一味地鼓励，对于孩子来说作用并不是很大。不然的话，世界上就没有平庸的孩子可言了。这时候，父母们可以换个角度，告诉孩子直面这些挫折，而且这些挫折并不全是坏事情，然后帮助孩子理性分析，这比只是一味鼓励要好得多。下面故事中的王女士做得就很好。

王女士是一名教师，她的女儿在上小学时都是由她在家里辅导学习。但是上中学后，王女士认为培养女儿的自立能力更重要，于是让女儿住校。结果住校后，女儿在学习和生活中有很多不适应的地方，学习成绩也不如以前，尤其是数学成绩，尽管她上课很认真，可成绩还是不尽如人意。

"妈妈，我实在不想学数学了，我觉得不管我怎么努力都学不好。可能我天生比较适合语文。"周末回家后，女儿向妈妈抱怨道。

"怎么会呢？如果你努力了还学不好，多半是你的方法不对。"

"方法不对？"

"是啊。学习方法很重要。其实，你可以慢慢地来，不要着急。做题总是错，也不是件坏事情，至少它会告诉你哪里没有学好，这样你就可以去问老师和同学。"

"我有点儿怕老师，不敢问她。"

"你看，这就是你的方法不对了吧！遇到不懂的题，就应该去请教老师。"

"可是，我害怕。"

"不用害怕，老师们都很喜欢学生问自己问题的。"

"真的？"

"真的，妈妈就是老师，妈妈就很喜欢学生问自己问题。而且我告诉你一个小诀窍：妈妈就是老师，老师就是妈妈，下次你把老师当成我，你还会怕她吗？"

就这样，在妈妈的引导和老师的帮助下，女儿的数学成绩慢慢回升，再也不说想放弃数学了。

我们常说，任何事情都有两面性，有好的一方面，也有坏的一方面。挫折也是如此，如果能从挫折中找到解决问题的方法，那么它就是一件好事情。在孩子遇到失败或者挫折的时候，一味地鼓励孩子，不如把这个道理告诉孩子。希望像王女士这样的父母更多一些。

“要是不这么做的话……”

有这样一个小案例：

公交车上，一个小男孩拿着一瓶饮料，一小口一小口地喝着。妈妈坐在旁边，反复对他说：“不要在公交车上喝饮料。”可是，男孩却好像没听见似的，喝了一口又一口。最后，他还咬着瓶口，看着妈妈笑了起来。结果就在此时，公交车急刹车，瓶子戳到了孩子的嘴，孩子疼得大哭起来。

“都跟你说了不要喝，不要喝，你偏不听！这下知道疼了吧？”妈妈一边安抚，一边责备。

“你要早告诉我这会弄疼我的嘴，我就不喝了。”男孩一边哭，一边埋怨。

相信很多父母都遇到过这类情况，都反复告诉了孩子不要这样做，不要那样做，可孩子就是不听，非得等事情发生，他自己受了伤害，才切身知道父母所说事情的利害关系，但这时候又往往都为时已晚。如果只是一些小伤害，倒无所谓，就当是长个教训，可有些伤害却会对孩子造成不可逆的影响，所以父母们绝不能掉以轻心。

有些父母会说，道理都讲了一箩筐了，孩子就是听不进去，我们还能怎么办呀？其实，讲道理也需要技巧。一般来说，在对比中让孩子领悟道理，是一种很有效的方式。一位同事给我讲过这样一个例子：

我儿子小的时候就喜欢看书，每天晚上都要看一会儿书才睡觉。这本来是一件很好的事情，可是孩子的妈妈却很担心。

因为孩子每天晚上都是趴在床上或者躺在床上看书，这对眼睛的伤害很大。他妈妈每次看到，总要说他几句，可是孩子依旧我行我素。

有一天，孩子又趴在床上看书了。

“儿子，不能在床上看书，坐到书桌前去看。”

“我要是不去呢？”

“不去，你的眼睛就会慢慢变成近视眼，看东西很模糊。”

“你骗人吧？”

“你问问你爸爸吧，他要是不戴眼镜，在远处都看不到你。”

“对！”我指指自己的眼镜，然后做出一个在黑暗中摸索的动作。

“好，马上！”儿子把阵地从床上移到了书桌上。

现在的孩子受教育早，获取知识的渠道也很丰富，所以远比我们那时候早熟。孩子虽然有时候不听话，但是很多道理他们是懂的，尤其是一些他们可以从生活中看得见的道理。很多父母总有一个错觉，认为孩子听不进自己所说的话，就是听不进道理，因此有时候采取了一些强硬的态度来对孩子，却发现还是收效甚微。其实，孩子是听得进道理的，但需要父母在给孩子讲道理时，展示一些可以看得见的效果。

人都有趋利避害的本能。如果父母在给孩子讲道理的时候，能在对比中将利与害清晰地呈现在孩子面前，孩子是一定会去选择对自己有利的一方面的。因此，当孩子不听话的时候，父母可以试着在对比中让孩子去领悟其中的道理。

“如果别人像你一样怎么办……”

没有人不希望自己的孩子一生一帆风顺，可现实却总是让有些父母们的愿望落空。每个人的一生也总是不免被各种各样的问题困扰，而且有些人早在童年阶段就开始出现这些问题了，只是那时候大多数的问题父母们都替孩子解决了。真正的问题在于，很多孩子都已经很大了，父母们还总是事事代劳，并且认为这是爱孩子。其实，真正爱孩子的父母会从小培养孩子独立思考和独立解决事情的能力，一有机会就锻炼和引导孩子。

有一年暑假，我带6岁的儿子去湖北姥姥家。姥姥家在乡下，是田园风光，儿子对那里的一切都充满了好奇。

有一天，儿子在表妹的房间里看到了一朵很漂亮的花，就想把它带回自己家，可是表妹却不愿意给他，结果两个孩子就争抢了起来。儿子大一些，一会儿就把表妹欺负哭了。听到哭声，妈妈、舅舅和姥姥迅速冲到了房间里。

“哥哥是坏人，抢我的花。”表妹哭着说。

“是你太小气了，一朵花都舍不得给我。”儿子也哭了起来。

晚上睡觉的时候，儿子还在生气。我对儿子说：“如果表妹像你一样，去抢你最爱的那个奥特曼，你会给她吗？”

“当然不给！”儿子脱口而出。

“那你抢表妹最爱的那朵花，她为什么要给你呢？”

儿子被问得哑口无言。

第二天早上，儿子就去找表妹道歉："昨天要你的花，是我不对。不过，我们可以交换，我要你的花，你给我。你要我的东西，我也给你！但我的奥特曼不能给你！"

"那你把你的那本书给我吧！"

"好！拉钩，不许反悔！"

就这样，两个孩子和解了。

将问题抛给孩子，让孩子独立解决，不仅可以锻炼孩子独立思考和解决问题的能力，也可以让孩子逐渐学会站在别人的角度思考问题。此外，在孩子犯错误时，将问题抛给孩子，可以帮助孩子认识到自己的错误，从而去改正，这对孩子的成长非常有好处。

第十二章

聪明的家长会说会管

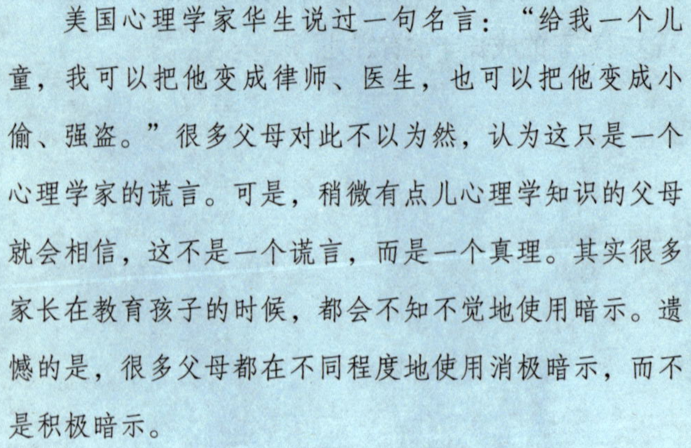

美国心理学家华生说过一句名言："给我一个儿童，我可以把他变成律师、医生，也可以把他变成小偷、强盗。"很多父母对此不以为然，认为这只是一个心理学家的谎言。可是，稍微有点儿心理学知识的父母就会相信，这不是一个谎言，而是一个真理。其实很多家长在教育孩子的时候，都会不知不觉地使用暗示。遗憾的是，很多父母都在不同程度地使用消极暗示，而不是积极暗示。

矛盾的父母让孩子无所适从

栋栋的爸爸是一家上市公司的部门经理，妈妈则是市医院的主任医师，家境富裕，条件优越。但是，几乎每一天，父母都要因为栋栋的教育而发生争执。

妈妈总是认为，栋栋只要好好学习就可以了，不用做家务，将来可以请保姆。但是爸爸觉得，好好学习是应该的，也该做些力所能及的家务。

有的时候，妈妈还不自觉地向儿子灌输做人要有心计的思想。而爸爸一有时间就教育栋栋要善良、诚实，“做事先做人，上学也先学做人”。

于是，栋栋家经常发生下面的场景：

6点半左右，栋栋吃过晚饭，问爸爸能不能看一会儿童话书再写作业。爸爸觉得很正常，便同意了。可栋栋刚打开书，妈妈就一把抢过去，说：“还不快写作业！这玩意儿都是骗人的！”

就这样，爸爸和妈妈对于儿子的教育始终不同，时间长了，家里没个安宁不说，孩子也无所适从，不知道听谁的好。

有一天，爸爸妈妈又因为孩子的教育问题吵了起来。爸爸为了说服妈妈，话多了一些，刚好妈妈手里拿着一卷手纸，脾气火爆的她也没多想，当即把手纸朝爸爸砸了过去。虽然爸爸很大度，一卷手纸也砸不坏人，但孩子着实被吓了一跳。

从那之后，栋栋越来越沉默，有时半天也不说一句话，还经常把自己关在房间里。他的脸上很少见到笑容，上课注意力难以集中，成绩也不断下降。但爸爸妈妈直到很久以后，才愿意承认在这件事上，他们两个都错了。

就像上面的例子所展现的，孩子在接受来自父母或其他家人的截然相反的两种教育方式时，最终会无所适从。心里的疑惑总得不到解决，久而久之，孩子心理上便会陷入混乱状态。这种现象正好印证了心理学上的“手表定律”，即当一个人只戴一块手表时，他可以知道现在是几点，但当他戴两块或更多的表时，却难以确定准确的时间，同时也失去了对准确时间把握的信心。“手表定律”启示人们：在做一件事情的时候，只能有一个指导原则和价值取向。正如尼采所说：“兄弟，如果你是幸运的，你只需要有一种道德而不要贪多，这样，你过桥会更容易些。”

同样，在教育孩子的时候，父母之间的教育方针不能经常出现矛盾，比如总是给孩子设定两个截然相反的目标、提出两种完全不同的要求等。这样矛盾的教育会使孩子无所适从，无法形成自己独特的价值体系，从而在行为上陷入混乱。

正如“有一千个读者就有一千个哈姆雷特”一样，一千个父母也会有一千种教育子女的方式，这种父母双方教育方针不统一的情况也很常见。那么，当出现矛盾时，应该怎么去处理呢？专业的建议是：最好“模糊处理”，即父母双方应互相妥协，冷静克制自己，而且要尽量避免在孩子面前暴露出教育的不一致。如果已经在孩子面前暴露出了不统一，也要尽量做到不在孩子面前争吵，而采取一定的补救措施，尽量使思想趋于统一。总之，绝对不给孩子拥有两个价值观的机会。

父母的教育观相悖，除了会混淆孩子的价值观，有时还会使孩子产生错觉和偏见。比如对一个孩子来说，当妈妈的要求比较简单或者语言比较委婉时，他会不自觉地将妈妈的要求与说话方式与爸爸较不严格的要求和直接的话语作对比，形成妈妈更爱自己一些的成见。这样的话，他就会倾向于按照妈妈的要求做，同时对爸爸形成抵触心理。这样的话，孩子和爸爸之间的隔阂会加深，既不利于孩子的健康成长，也不利于亲子关系的发展。

总之，在教育孩子的问题上，父母双方要尽量站在统一战线上，以共同将孩子教育好为目标，如果互争高低，结果只能是爸爸妈妈以及孩子“三败俱伤”。

利用非正式机会教育孩子

在一所幼儿园里，有一位老师在阅读活动中教小朋友们认识红、黄、蓝三种颜色。一开始，孩子们看图的兴趣比较高，能跟着老师一起阅读。不过毕竟是小孩子，能坚持到最后的很少。活动结束时，只有一小部分孩子能够准确地说出三种颜色。

于是，在接下来的时间里，老师刻意改变了教学进程，和孩子们一起去院子里玩滑梯。然后，看到红色的滑梯，便指着说："看，红色。"接着，有个小朋友就跟着喊："旁边的木马也是红色的。"……通过这样的方法，那些原本分不清颜色的小朋友很快就掌握了三种颜色。

这个故事可以说明一个至关重要的道理：教育不仅仅在教室里进行，也可以发生在任何地点。发生在非正式教育场合的教育，就是非正式教育。非正式教育和正式教育相比，不仅不存在谁优谁劣的问题，而且非正式教育是必不可缺的教育。另外，非正式教育其实能更好地被孩子接受，让孩子体验到、感受到，这远比在课堂里听讲要深刻得多。所以，家长可以在孩子的日常生活中，利用一切非正式的机会让孩子学习与锻炼。

具体说来，可以从以下几方面着手：

（1）利用非正式机会对孩子进行技能教育。

比如，孩子的地理成绩较差，学习兴趣也不高，妈妈想引导孩子对地理课产生兴趣，便可以通过全家旅行的方式，引导孩子对地理课产生兴趣。但不是简单地到某地一游，而是从一开始就让孩子参与其中，甚至让孩子“主导”此次行程。举例来说，为完成出游计划，需要查资料、翻地图、找参考书、对比各旅行社等，父母完全可以先将这些事情交给孩子做一遍，让孩子在不知不觉中学习地理知识，并且随时指点，让孩子知道自己哪里还有不足，从而变得更细心、更谦虚。

（2）利用非正式机会对孩子进行观察与思考教育。

比如，找一个休息日，把孩子带到一个大型停车场，让孩子数数在这么多的汽车中，有多少辆是本国制造的？占汽车总数的百分之几？豪车有多少辆？哪个国家生产的车最多？为什么？……假以时日，孩子就会养成遇事仔细观察、自主分析、独立思考等习惯，而不是人云亦云、稀里糊涂。

（3）利用非正式机会对孩子进行社会教育。

比如，一位妈妈为了让孩子有环保意识，让他认识到垃圾对环境的危害，就专门带孩子去垃圾填埋场。在距离垃圾场很远的地方，孩子就闻到了臭气，捂住了鼻子。这样的教育多么直接和生动，不需要妈妈再多说什么，孩子就明白了保护环境的重要性。

（4）利用非正式机会对孩子进行爱心教育。

比如，一位妈妈为了让孩子有爱心，就和孩子一起做游戏，让孩子从中体会残疾人的痛苦：只能用脚写字，只能推着轮椅前进，只能摸索着走路，等等。这些真实的体验，能让孩子亲身体会到残疾人生活的不易，也就很容易对残疾人产生同情和理解了。

总之，生活是最好的老师，无所不包，家长们一定要好好利用各种非正式机会教育孩子，让孩子随处都可以学到知识，同时也让他们养成随时随地不断学习的好习惯。

让我们的孩子不断进步的技巧

在现实生活中，有很多家长因为不懂孩子的心理，也不懂得教育方法，结果力气费了不少，效果却很差，有的甚至费力不讨好，适得其反。

其实，我们不止一次地说过，教育孩子是有规律可循的，父母不仅应该而且也必须掌握一定的技巧，才能引导孩子不断进步。

首先，我们要以发现的眼光看待孩子。

每个孩子都是独一无二的，也正因为他们是独一无二的，所以他们是最好的。这是每个家长首先应该树立的意识。千万不要天天拿自己孩子的缺点与其他孩子的优点比，这样比来比去，就会让孩子失去信心，严重的甚至会自暴自弃，这是非常不应该的。父母比较的目的可能是出于好意，想借此激励孩子不断进步，殊不知，孩子各有各的长处、各有各的特色、各有各的潜力。父母应该用发现的眼光看待自己的孩子，找到他的闪光点，促进他的成长。

其次，我们要以欣赏的眼光看待孩子的每一点进步。

不可否认，人与人之间的差异是天生存在的。有的孩子语文好，有的孩子数学好，有的孩子英语好，如果父母能够以欣赏的眼光看待孩子，及时发现并鼓励孩子的每一点进步，相信孩子会很快树立信心，并获得更大的进步。

再次，父母要以一些鲜活的案例来引导孩子，多与孩子进行有针对性的谈话。

父母是孩子的第一任老师，也是最了解孩子的人。因此，要经常与孩子进行对话，给孩子指出学习或做事的方法。同时，还要针对孩子的缺点去引导他。只有这样，孩子才能认识到问题所在，找到改正的方法，不断进步。

我儿子上小学三年级时，有一个最大的缺点，那就是粗心，经常在最简单的计算题上出错。为了改掉他粗心的毛病，我在一段时间里有意无意地反复念叨一句哲学名言：人不可能两次踏入同一条河流。刚开始，儿子不太在意，但后来他开始问我："这话什么意思呢？你老说这个干什么？"我就不失时机地告诉他，"这句话说简单就简单，说复杂就复杂。今天先说个简单的吧：如果我们总是踏进同一条河里，说明我们的记性太不好了，是不是？就像你做数学题，如果多用点心，错误是不是就会少一些？"儿子点点头，表示赞同。然后，我让他拿出当天的作业，检查了一下，指导了一番。此后，小家伙做数学题时仔细多了，错误也渐渐少了。

最后，父母要以身作则，用行动来感染孩子。

孩子们通过模仿而学习，他们第一个模仿的对象就是父母。孩子是父母的一面镜子，每位父母都可以从孩子身上看到自己的影子。因此，父母一定要给孩子做一个好榜样。要想让孩子热爱学习，父母首先就要以身作则，其他方面也概莫能外。

别给孩子浇冷水

美国心理学家华生说过一句名言："给我一个儿童，我可以把他变成律师、医生，也可以把他变成小偷、强盗。"很多父母对此不以为然，认为这只是一个心理学家的谎言。可是，稍微有点儿心理学知识的父母就会相信，这不是一个谎言，而是一个真理。

其实，华生的理论是有着科学的心理学依据的，这个依据就是心理学上经常说的"心理暗示的作用"。根据暗示的不同效果，心理学家们将暗示分为积极暗示和消极暗示。前者多数是一种鼓励性的暗示，可以给人带来正面的情绪，而后者多是一种批评性的暗示，带给人们的也多是负面的影响。

实际上，很多家长在教育孩子的时候，都会不知不觉地使用暗示。遗憾的是，很多父母都在不同程度地使用"消极暗示"，甚至直接说出"你比别人差"这类话语。这种消极暗示会给孩子的成长带来很大的负面影响，会造成孩子情绪低落，产生自卑心理等。

我们常说，孩子就像一张白纸，他的人生会画出一张什么样的画卷，全在于父母的教育。如果父母经常告诉自己的孩子"你比别人差"，孩子也会慢慢觉得比别人差；相反，如果父母鼓励孩子，说"你可以成为一个优秀的人"，孩子就会朝着优秀的方向去努力。所以，如果你希望自己的孩子越来越有出息的话，那就不要告诉你的孩子"你比别人差"，而是要多一些积极暗示。

人要努力避开那些时常泼你冷水的人。这是因为，如果一个人经常被泼冷水，他的心灵就会遭受到极大的伤害，而这种伤害对一个人的影响几乎是致命的，尤其是在一个人的孩童时期，这种伤害会深深地影响孩子性格的形成，从而影响孩子的一生。其实，这句话也从侧面给了父母一个提示，那就是"不要经常对你的孩子泼冷水"。

首先，泼冷水会打击孩子的好奇心。孩子对这个世界充满了好奇，一般情况下，他们都很乐意去探究这个世界的秘密。当然，他们大多数的努力是稚气的，有的甚至是徒劳的。可是作为父母，我们要理解孩子，允许孩子去做一些徒劳的事情，甚至陪着孩子一起去做这些事情，而不能在孩子稍有尝试时就打击孩子，认为他的所作所为是幼稚可笑的，是没有价值的，进而嘲笑孩子，这会让孩子逐渐丧失对这个世界的好奇心，变得没有活力。

其次，泼冷水会打击孩子的自信心。很少有人会在别人的一再否定之下培养起自信和乐观的品质，大多数人在此情况下会变得自卑消极，孩子更是一样。孩子需要父母的肯定，如果父母经常给孩子泼冷水、否定孩子，就会让他更加不自信，甚至自卑。

再次，泼冷水会打击孩子的进取心。孩子在出现困难的时候，需要父母的鼓励，这会让他们感受到父母的爱，并从中获得前进的力量。如果父母这时候没有给孩子鼓励，相反还给孩子泼冷水，讽刺孩子不如别人，就会让孩子感到很无助，心里极度沮丧，从而丧失了克服困难的勇气。

我们先来看一个案例：

一天，家里来了客人，喜欢热闹的小阳特别兴奋，又蹦又跳，时而还唱几句儿歌。或许是怕吵到客人，小阳的爸爸当着客人的面，大声训斥小阳："你唱得难听死了，还不赶紧回自己屋里去！"听到这话，原本开心的小阳脸唰地红了，赶紧住嘴，然后一溜烟躲进自己的卧室。此后，小阳再也不敢当众唱歌了。

像小阳这样的孩子很多，他们就是人们常说的"人来疯"，家里一来客人就会兴奋不已。这样的孩子有着很强的表现欲，希望在更多的人面前表演，得到更多人的表扬。父母要学会理解他们的行为，并给予一定的鼓励。如果他的做法确实影响到了客人，也不要训斥，而应该采用讲道理的方式让孩子安静下来。这样，就不至于伤害孩子的自尊心。

我们再来看一个正面的案例：

一天晚上，妈妈在厨房里洗碗时，忽然听到儿子在地上不断蹦跳的声音。妈妈赶紧放下碗，去问儿子："宝贝，你在干什么？"

小男孩回答："妈妈，我要跳到月亮上！"

妈妈摸了摸他的头，笑着说：“好，不要忘记回来哦！也不要摔到自己哦！”

小男孩高兴地抱着妈妈说：“不会的！都不会的！”然后继续在屋子里跳来跳去。

面对孩子的奇思妙想，这位妈妈没有给孩子泼冷水，更没有骂他。她没有像大多数母亲那样对孩子说：“净瞎想！把衣服弄脏了我可打你！”而是温柔地对孩子说：“好，不要忘记回来哦！”这无疑给了孩子极大的信心。

最后，父母应该了解，父母是孩子在这个世界上最亲的人，来自父母的鼓励更能让孩子进步。反过来说，来自父母的讽刺打击也更具毁灭性。所以，父母一定要多多鼓励孩子，不要老是给孩子泼冷水。